호남 진안에서 역모를 꾀했던 중죄인, 대동 세상을 꿈꿨던 인물
1589년 10월 정여립 토벌경위 관련 일기

토역일기
討逆日記

閔仁伯 원저 · 申海鎭 역주

보고사
BOGOSA

머리말

　이 책은 전라도 진안현감으로 있던 민인백(閔仁伯, 1552~1626)이 1589년 진안(鎭安)의 죽도(竹島)에서 정여립 일당을 체포한 일과 그 이후의 처리과정을 기록한 〈토역일기(討逆日記)〉를 번역하고 주석한 것이다.

　이 정여립(鄭汝立)의 역모 사건을 계기로 흔히 전라도는 반역향(叛逆鄕)이라 불리게 되었다고 하는데, 그 역모 사건을 기축옥사(己丑獄事)라고도 하지만 기축사화(己丑士禍)라고도 한다. 기축년인 1589년 10월 정여립이 반란을 꾀하고 있다는 황해도 관찰사 한준(韓準)의 고변(告變)에서 시작하여 그 뒤 1591년까지 그와 연루된 수많은 동인의 인물들이 희생된 사건이다. 결국, 1575년 인사권을 쥔 이조전랑(吏曹銓郞) 직을 둘러싼 김효원과 심의겸의 반목에서 비롯된 동인과 서인 간 대립과 갈등의 골이 더욱 더 깊어지게 된 사건이었다. 김효원이 한양의 동쪽에 살았고 심의겸이 한양의 서쪽에 살았던 데서 동인과 서인이라 일컬어졌는데, 동인은 이황과 조식의 학문을 계승하는 경상도 출신이 주를 이루었으며, 서인은 이이와 성혼의 학문을 계승하는 경기도와 충청도 출신이 주를 이루었다.

　정여립(1546~1589)은 서인 이이(李珥)와 성혼(成渾)의 문인으로

1570년 식년문과에 급제한 뒤에 예조 좌랑(禮曹佐郎), 홍문관 수찬(弘文館修撰) 등을 지냈고, 이이는 여러 차례 그를 천거하기도 했다. 그는 원래 동서인과 관계없이 교유하여 동인인 이발(李潑) 등과도 가까이 지냈다. 곧 그는 강직하면서 직선적인 성격으로 말미암아 시류에 흔들리지 않았던 것 같은데, 이이가 죽은 뒤에 공개적으로 이이와 성혼 등을 비판하였다. 이는 서인 중심의 인재 등용에 대한 비판이었지만, 당파적 이해관계에 의한 비판으로 받아들인 서인들의 반감을 사서 여러 차례 탄핵을 받았다. 그는 벼슬을 그만두고 고향에 내려가 진안(鎭安) 죽도(竹島)에 서실(書室)을 짓고 강론을 하며 대동계(大同契)를 조직했다. 1587년에는 전주부윤 남언경(南彦經)의 요청으로 진안군 동향면 손죽도에 침입한 왜구를 격퇴하기도 했다. 그 이후로 황해도 안악의 변숭복(邊崇福), 박연령(朴延齡), 해주의 지함두(池涵斗), 운봉의 승려 의연(義衍) 등과 왕래하면서 그 조직을 전국적으로 확대했다.

하지만 1589년 황해도관찰사 한준(韓準), 안악군수 이축(李軸), 재령군수 박충간(朴忠侃), 신천군수 한응인(韓應寅) 등은 정여립이 대동계를 이끌고 반란을 꾀하려 한다며 선조(宣祖)에게 고변(告變)하였다. 선조는 의금부 도사로 하여금 전주로 내려가 압송하도록 했으나, 이 정보가 새어나가 정여립은 아들 정옥남과 함께 죽도로 도주했다. 그곳에서 그는 관군에 의해 포위되자 자결했다고 한다.

정여립의 역모 사건은 이에서 끝나지 않았다. 서인 세력은 이를 기회로 삼아 동인 세력을 탄핵하고 정권을 장악하고자 더욱 더 확대를 꾀하였다. 그리하여 2년 넘게 1591년까지 서인 강경파 정철(鄭澈)의 주도 아래 수많은 동인이 참혹한 형벌이나 탄압을 받았다. 이발(李潑)·이길(李洁)·이급(李汲) 형제와 백유양(白惟讓)·백진민(白振民) 부자를 비롯해 조대중(曺大中)·이진길(李震吉) 등은 심문을 받다가 죽임을 당했다. 특히 최영경(崔永慶)은 역모의 또 다른 괴수로 인식된 길삼봉(吉三峯)으로 몰려 옥사(獄死)를 당하였다. 영의정 노수신(盧守愼)과 우의정 정언신(鄭彦信), 직제학 홍종록(洪宗祿) 등 동인의 핵심 인물들이 파직되었다. 끝내 동인 1,000여 명이 화를 입었으며, 그로 인해 동인은 몰락하였고 서인이 정국을 주도하게 되었다.

이러한 일련의 과정은 익히 알려진 것이지만, 보다 구체적으로 자세하게 기록한 이가 바로 민인백이다. 본관은 여흥(驪興), 자는 백춘(伯春), 호는 태천(苔泉)이다. 1573년 사마시에 진사로 합격한 후 진안 현감으로 1578년에 부임하여 1579년 2월에 이임하였다. 1584년에 별시문과에 장원급제하여 성균관 전적을 지낸 뒤 사헌부 감찰로 옮겼을 때에 서인 정철의 일파라고 하여 동인의 미움을 받아 안협(安峽) 현감으로 좌천되었다. 그러다 진안 현감으로 전임되었고, 재임 중 기축옥사를 만났다. 그때 정여립이 진안현의 경계로 들어오자, 민인백은 군사를 동원하여 포위해 정여립으로 하여금 자결하게 하고, 아들 정옥남(鄭玉男)을 잡아들였다. 그 공으로 예조참의(禮祖叅議)에 승진되고 평난공신(平難功臣) 2등에 책록되었다. 이러한 인연으로 말미암아 〈토역일기〉가 전해질 수 있었다.

이 〈토역일기〉는 《태천집(苔泉集)》권2에 실려 있다. 6권 2책의 활자본이다. 민인백의 유고에 그의 아들 민성(閔垶, ?~1637)의 〈용암실기(龍巖實記)〉를 합록하여 1874년 후손 민기용(閔璣容)이 간행하였다. 권1은 부(賦)·시(詩)·표(表) 등, 권2는 〈사우록(師友錄)〉·〈토역일기(討逆日記)〉·〈부광국원종공신록권반교문(附光國原從功臣錄券頒教文)〉·〈용사일기(龍蛇日記)〉, 권3은 〈용사추록(龍蛇追錄)〉·〈조천록상(朝天錄上)〉, 권4는 〈조천록하(朝天錄下)〉·〈방례동이(邦禮同異)〉·〈가사(家史)〉 등, 권5는 〈기문(記聞)〉·〈유상(遊賞)〉, 권6은 부록으로 만사(輓詞)·제문(祭文), 송시열(宋時烈)이 쓴 행장과 이재(李縡)가 쓴 신도비명(神道碑銘)을 수록했다. 이로써 보건대, 〈토역일기〉는 서인의 노론 계통의 입장에 맞닿았을 것으로 짐작할 수 있을 것이다.

늘 하는 말이지만 나름대로 최선을 다하고자 했다. 그러나 여전히 부족할 터이라 대방가의 질정을 청한다. 끝으로 편집을 맡아 수고해 주신 보고사 가족들의 노고에 심심한 고마움을 표한다.

2020년 7월 빛고을 용봉골에서
무등산을 바라보며 신해진

차례

일러두기 _____

이 책은 다음과 같은 요령으로 엮었다.

01. 번역은 직역을 원칙으로 하되, 가급적 원전의 뜻을 해치지 않는 범위 내에서 호흡을 간결하게 하고, 더러는 의역을 통해 자연스럽게 풀고자 했다. 다음의 번역서가 참고 되었다.
 『정여립이여, 그댄 정말 모반자였나!』, 이희권, 신아출판사, 2006.

02. 원문은 저본을 충실히 옮기는 것을 위주로 하였으나, 활자로 옮길 수 없는 古體字는 今體字로 바꾸었다.

03. 원문표기는 띄어쓰기를 하고 句讀를 달되, 그 구두에는 쉼표(,), 마침표(.), 느낌표(!), 의문표(?), 홑따옴표(''), 겹따옴표(""), 가운데점(·) 등을 사용했다.

04. 주석은 원문에 번호를 붙이고 하단에 각주함을 원칙으로 했다. 독자들이 사전을 찾지 않고도 읽을 수 있도록 비교적 상세한 註를 달았다.

05. 주석 작업을 하면서 많은 문헌과 자료들을 참고하였으나 지면관계상 일일이 밝히지 않음을 양해바라며, 관계된 기관과 여러분들께 진심으로 감사드린다.

06. 이 책에 사용한 주요 부호는 다음과 같다.
 1) (　　) : 同音同義 한자를 표기함.
 2) [　　] : 異音同義, 出典, 교정 등을 표기함.
 3) "　　" : 직접적인 대화를 나타냄.
 4) '　　' : 간단한 인용이나 재인용, 또는 강조나 간접화법을 나타냄.
 5) 〈　　〉 : 편명, 작품명, 누락 부분의 보충 등을 나타냄.
 6) 「　　」 : 시, 제문, 서간, 관문, 논문명 등을 나타냄.
 7) 《　　》 : 문집, 작품집 등을 나타냄.
 8) 『　　』 : 단행본, 논문집 등을 나타냄.

토역일기

討逆日記

만력 기축년 10월
萬曆己丑十月

10월 7일。

감사(監司: 전라도 관찰사) 이광(李洸)이 우리 진안(鎭安)으로 관문(關文: 공문)을 보내왔는데, 「수찬(修撰) 정여립(鄭汝立)이 도피하여 숨었으니, 죽도서당(竹島書堂)을 수색하여 토벌하라.」는 것이었다. 나는 즉시 관속(官屬)과 군교(軍校)들을 이끌고 달려가서 수색하였지만, 정여립은 있지 않았고 서당을 지키는 승려 지영(志永) 등 6명과 사장(社長: 社倉 우두머리) 1명이 있었으며, 백미 200여 석과 잡곡 100여 석이 암실(暗室)과 다락 위에 쌓여 있었다. 이에 승려들과 사장(社長)을 포박해 와서 고을의 옥사(獄舍)에 가두었으나, 그들은 또한 무슨 일 때문인지 알지 못하였다.

七日。

監司[1]李洸[2], 行關[3]于鎭安[4]曰:「修撰[5]鄭汝立[6]逃躱[7], 竹島[8]書堂

1 　監司(감사): 조선시대 각 道의 장관. 일명 觀察使. 중요한 정사에 대해서는 중앙의 명령을 따라 시행하였으나 자신이 관할하고 있는 도에 대해서는 경찰권·사법권·징세권 등 절대적인 권한을 행사하였다. 감사의 관청을 監營이라고 하며, 문관직으로서 각 도마다 1인씩 두었다.

2 李洸(이광, 1541~1607): 본관은 德水, 자는 士武, 호는 雨溪散人. 1567년 생원이
되고, 1574년 별시 문과에 급제하였다. 평안병마평사·성균관전적·병조좌랑·정언
·형조좌랑 등을 거쳐 1582년 예조정랑·지평, 이듬해 성균관직강·북청판관·함경도
도사를 지냈다. 1584년 병조정랑·장악원첨정을 거쳐, 함경도 암행어사로 나가 북도
민의 구호 현황을 살피고 돌아와 영흥부사가 되었다. 1586년 길주목사로 나갔다가
함경도관찰사 겸 순찰사로 승진했고 1589년 전라도관찰사가 되었다. 그해 겨울 모역
한 鄭女立의 문생과 그 도당을 전부 잡아들이라는 영을 어기고, 혐의가 적은 인물을
임의로 용서해 풀어주었다가 탄핵을 받고 삭직되었다. 1591년 호조참판으로 다시
기용되었으며, 곧 지중추부사로서 전라도관찰사를 겸임하였다. 이듬해 임진왜란이
일어나자 전라감사로서 충청도관찰사 尹先覺, 경상도관찰사 金睟와 함께 관군을 이
끌고 북상해 서울을 수복할 계획을 세웠다. 그리하여 5월에 崔遠에게 전라도를 지키
게 하고, 스스로 4만의 군사를 이끌고 나주목사 李慶福을 중위장으로 삼고, 助防將
李之詩를 선봉으로 해 林川을 거쳐 전진하였다. 그러나 도중 용인의 왜적을 공격하
다가 적의 기습을 받아 실패하자 다시 전라도로 돌아왔다. 그 뒤 왜적이 전주·금산
지역을 침입하자, 光州牧使 權慄을 도절제사로 삼아 熊峙에서 적을 크게 무찌르고,
전주에 육박한 왜적을 그 고을 선비 李廷鸞과 함께 격퇴시켰다. 같은 해 가을 용인
패전의 책임자로 대간의 탄핵을 받고 파직되어 백의종군한 뒤, 의금부에 감금되어
벽동군으로 유배되었다가 1594년 고향으로 돌아왔다.
3 行關(행관): 상급관아에서 동등 또는 하급관아로 보내던 공문인 關文을 보내는 일.
4 鎭安(진안): 전라북도 북동부에 위치한 고을.
5 修撰(수찬): 조선시대 때 弘文館의 정6품 벼슬.
6 鄭女立(정여립, 1546~1589) : 본관은 東萊, 자는 仁伯. 1589년 황해도 관찰사 韓準
과 안악군수 李軸, 재령군수 朴忠侃 등이 연명하여 정여립 일당이 한강이 얼 때를
틈타 한양으로 진격해 반란을 일으키려 한다고 고발했다. 관련자들이 차례로 잡혀가
자 정여립은 아들 玉男과 함께 竹島로 도망하였다가 관군에 포위되자 자살했고 그의
아들 鄭玉男은 체포되어 국문을 받았다. 이 사건의 처리를 주도한 것은 鄭澈 등의
서인이었으며, 동인인 李潑·李浩·白惟讓 등이 정여립과 가깝다는 이유만으로 처형
되는 등 동인의 세력이 크게 약화되었다. 이를 己丑獄事라고 한다. 이 사건을 계기로
전라도는 叛逆鄕이라 불리게 되었고, 이후 호남인들의 등용이 제한되었다. 정여립은
'천하는 일정한 주인이 따로 없다.'는 天下公物說과 '누구라도 임금으로 섬길 수 있
다.'는 何事非君論 등 왕권체제하에서 용납될 수 없는 혁신적인 사상을 품은 사상가
이기도 하였다.
7 逃躱(도타): 몰래 달아나 숨음.

搜討⁹云云。余卽率官屬・軍校¹⁰, 馳往搜括, 則汝立不在, 守僧
志永等六人, 社長¹¹一名, 白米二百餘石, 皮雜穀¹²百餘石, 積於
暗室及樓上。乃縛僧人社長以來, 囚於縣獄, 亦不知爲某事。

10월 8일。

감사(監司)가 또 각 관아로 하여금 포도막(捕盜幕: 도둑 잡기 위한
임시 막사)을 설치하고 기찰(譏察: 순찰)하여 황당무계한 사람을 잡아
가두라고 하였다. 나는 비로소 정여립(鄭汝立)이 역모 꾀한 것을 알
고서 즉시 관내(管內)에 공문을 내려 엄히 포도막(捕盜幕)을 설치하
도록 하였다. 이어서 듣자니, 6일 저녁에 금오랑(金吾郎: 柳湛)과 선
전관(宣傳官: 李用濬)이 전주(全州)에 들어와 큰 호각을 불고 종을 쳐
서 군사를 모아 한밤중이 되어 구리마을[銅谷]로 가 반적의 집을 급
습했으나, 정여립 및 그의 아들 정옥남(鄭玉男)은 있지 않았고 다만
지경함(池景涵)만을 정여복(鄭汝復: 정여립의 형)의 집에서 붙잡았다
고 하였다.

---

8 竹島(죽도): 전라북도 진안군 진안읍 가막리와 상전면 수동리・동향면 성산리의 경
   계에 있는 섬 같은 산.
9 搜討(수토): 도적의 무리나 叛徒를 수색하여 토벌함.
10 軍校(군교): 조선시대에 각 군영 및 지방관아의 군무에 종사하던 낮은 직급의 벼슬아
   치를 통틀어 이르던 말.
11 社長(사장): 社倉을 맡아 관리하는 우두머리. 한 마을의 우두머리(里長).
12 皮雜穀(피잡곡): 껍질을 벗겨 내지 아니한 잡곡.

지경함(池景涵)은 해주(海州)의 교생(校生: 향교의 생도)으로 정여립(鄭汝立)을 찾아왔는데, 정여립이 기특하게 여겨 자기 형의 계집종을 아내로 삼게 하고 심복(心腹)으로 삼았다. 올해 봄, 정여립을 따라 죽도서당(竹島書堂)을 찾아왔다가 그대로 정여복(鄭汝復)의 집에 머물렀는데, 마침 수색하고 체포하는 날에 담장을 넘어 달아나려 했지만 미처 빨리 도망치지 못하여 관군에게 사로잡히고 궁궐의 신문을 받다가 죽었다.

八日。

監司又令各官設捕盜幕[13], 譏察[14]荒唐人捉囚。余始知汝立之謀叛, 卽帖于境內, 嚴設捕盜幕。繼聞六日夕[15], 金吾郞[16]及宣傳官[17]入全州[18], 吹大角, 動鍾聚軍, 夜分後往襲銅谷[19]賊家, 則汝立及子玉男不在, 只捉池景涵[20]於汝復[21]家。景涵卽海州[22]校生[23]

---

13 捕盜幕(포도막): 도둑을 잡기 위하여 임시로 설치한 幕舍.

14 譏察(기찰): 범인을 체포하려고 수소문하고 염탐하며 행인을 검문하던 일.

15 六日夕(육일석): 10월 6일 밤 全州에 도착한 체포조가 정여립의 집을 습격하였지만 비어 있었다는 사실. 이 사실은 곧바로 파발을 통해 10월 9일이나 10일경 宣祖에게 전달되었다고 한다.

16 金吾卽(금오즉): 金吾郞의 오기. 금오랑은 義禁府都事의 별칭. 《宣祖實錄》 22년 10월 7일조에 의하면, 柳湛이다.

17 宣傳官(선전관): 조선시대 왕의 측근에서 왕명 출납과 軍務 처리 등을 맡던 무반 京官職. 《宣祖實錄》 22년 10월 17일조에 의하면, 李用濬이다. 함께 간 內官은 金良輔이다.

18 全州(전주): 한반도 서남부에 있으며 전라북도 문화와 경제의 중심지.

19 銅谷(동곡): 전라북도 母岳山 金山寺에서 2km떨어진 淸道里 구릿마을. 이 마을의 帝妃山이 정여립의 生居地라 한다.

也, 來投汝立, 汝立奇之, 妻以其兄之婢, 以爲腹心。今年春, 隨
汝立來尋竹島書堂, 而仍留汝復家, 當其搜捕之日, 踰墻而逃,
未及奔逸, 爲官軍所獲, 斃於庭訊。

10월 10일。

각 면(面)의 약정(約正) 및 두민(頭民: 식견 있는 원로)들을 불러 모아
약조하며 말했다.

"정여립(鄭汝立) 반적들이 몰래 달아나 숨었으니 포도막(捕盜幕)을
엄히 설치하여 빠져나갈 수 없도록 해서 기필코 다 잡으라는 조정
의 명이 지엄하나, 우리 지역은 땅이 넓고 백성이 적은 데다 산골짜
기에 초목이 우거진 듯해 설사 반적의 무리들이 몰래 지나가더라도
필시 염탐해 알아내기가 어려울지니, 도직(盜直: 도둑을 지키는 사람)
을 파하여 흩어지게 하는 것보다 나은 것이 없소."

이어 각 면(面)의 위장(衛將)과 부장(部將)을 정하고, 약조를 설명
하여 말했다.

"만약 황당무계한 사람이 있으면 한 마을 모두가 함께 체포하여

---

20 池景涵(지경함): 개명하여 池涵斗라 함.

21 汝復(여복): 鄭女復. 鄭女立의 형.

22 海州(해주): 황해도의 남서부에 있는 고을 이름.

23 校生(교생): 조선시대 각 고을의 향교에 등록된 학생.

관아에 고하여야 하오. 힘이 모자라면 부장에게 고하고, 부장도 힘이 모자라면 위장에게 고하고, 위장도 힘이 모자라면 관아에 고하여야 하오."

아울러 이웃 고을에 사는 백성들에게도 영을 내려 말했다.

"관문(官門)의 지붕 위에 올라서 큰 호각을 불고 북을 요란히 치면, 북과 호각 소리가 미치는 곳에 사는 백성들은 활과 화살을 잡거나 칼과 창을 들거나 하여 관문에 와서 모여야 한다. 만약 약속대로 하지 않는 자가 있으면 마땅히 군법으로 처리할 것이다."

백성들은 모두 다짐을 받고 물러가게 하였다.

十日.

招聚各面約正[24]及頭民[25]約曰:"鄭賊逃躱, 嚴設捕盜幕, 使不得漏, 期於必捕, 朝命至嚴, 而壤地似濶, 人民鮮少, 加以山谷草樹蒙密, 縱使賊徒暗過, 必難詗知, 莫如罷散盜直[26]之爲愈也." 仍定各面衛將·部將, 伸約曰:"若有荒唐人, 一里共捕以告官. 力不足則告于部將, 部將力不足, 則告于衛將, 衛將力不足, 則告于官." 且令于近縣居民曰:"上官門屋上, 吹大角擊疾鼓, 則鼓角聲所及居民, 或持弓矢, 或持刀鎗, 來聚官門. 有不如約者,

---

24 約正(약정): 조선시대의 향촌 자치규약인 鄕約 조직의 임원.

25 頭民(두민): 한 동네에서 나이가 많고 식견이 높은 사람을 이르던 말.

26 盜直(도직): 도둑을 감시하고 지키는 사람. 민간인을 조직하여 도적을 방비하는 것으로, 水夫·津夫·車夫·馬夫·皁隸·書吏 등이 盜直에 징발되었다.

當以軍法從事." 諸民皆受約束而退。

10월 11일.

듣건대, 독포어사(督捕御史) 이대해(李大海), 선전관(宣傳官) 이인
남(李仁男)이 전라도에 들어왔다고 한다.

十一日。

聞督捕御史李大海[27], 宣傳官李仁男[28]入本道。

10월 12일.

장수현(長水縣)에서 공문을 보내왔는데, 이러하다.

「장계(長溪: 장수의 옛 지명)에 살인 옥사가 생겼으니, 청컨대, 와
서 복검(覆檢: 2차 檢屍)을 해주기 바라오이다.」

十二日。

長水縣[29]移文[30]曰:「長溪[31]有殺人獄事, 請來覆檢[32].」

---

27 李大海(이대해, 1562~1590): 본관은 驪州, 자는 百宗. 아버지는 李光軒이다. 1580
   년에 급제하였다.

28 李仁男(이인남, 1559~1592): 본관은 羽溪, 자는 元甫. 아버지는 李遵憲이며, 형으
   로 李貴男, 李福男, 李德男이 있다. 1583년 무과에 급제하여 선전관을 거쳐 南道虞
   候로 숙부 李敬憲·李承憲과 함께 申砬 장군의 부관으로 충주 탄금대 전투에서 전사
   하였다.

29 長水縣(장수현): 전라도 南原都護府에 속한 현.

10월 13일。

장계(長溪)에 가서 복검(覆檢)을 하였다.

十三日。

往檢。

---

30 移文(이문): 동등한 衙門에 보내는 공문서. 公移라고도 한다.

31 長溪(장계): 전라북도 장수지역의 옛 지명.

32 覆檢(복검): 조선시대 死體의 제2차 검시. 사체의 죽은 원인을 밝히기 위해 담당관원
    이 시체를 검증하고 검안서를 작성하던 일을 檢驗이라고 한다. 최초의 검험을 초검,
    초검이 끝나면 반드시 복검을 하였다.

10월 14일。

해가 뜰 무렵, 짐을 챙겨 길을 떠나서 진안현(鎭安縣) 땅 20리 정도 거리의 신원(新院)에 도착하여 말에게 먹이를 주려고 하는데, 날이 이미 저물었다. 아전이 남긴 문장(文狀: 보고서)을 보니, 「황당인(荒唐人)이 와서 서면(西面)에 도착했는데, 서면의 백성인 박장손(朴長孫) 등이 같은 동네사람 9명을 이끌고 위장(衛將) 이희수(李希壽)에게 가서 고하여 힘을 합쳐 뒤쫓고 있사옵니다.」라고 하여, 곧바로 객관(客館)으로 달려 들어갔다. 취고수(吹鼓手)로 하여금 관문(官門)에 올라가 큰 호각을 불고 북을 요란하게 치도록 하니, 북소리와 호각소리를 듣고 눈 깜짝할 사이에 모여든 자가 150여 명이었다. 곧바로 그들을 거느리고 쏜살같이 달려가서 서면의 산척점(山尺店)에 다다르니, 점원과 촌민 36명이 반적(叛賊)을 다복(多福, 협주: 지명)에서 포위하고 있었는데, 곧 전주(全州)와 고산(高山)의 경계이었다.

그들이 포위하고 있는 자들이 어떤 무리의 사람들인지를 캐어물으니, 모두 아무개라고만 대답하고 그들의 성명을 바르게 말하지 않았다. 아마도 진안현의 백성들은 죽도(竹島)에 정적(鄭賊: 정여립)의 서당이 있어서 정적(鄭賊)이 자주 왕래하였기 때문에 사람들이 그의 얼굴을 모르지 않았지만, 일찍이 위엄을 겁내어 이름자를 감히 바른대로 지적하여 말하지 못했던 것이리라.

그 즈음 해가 이미 서쪽에 기울었는지라 말을 높은 언덕 위에
세우고서 반적들이 있는 곳을 살펴보니 반적(叛賊) 4명이 다복(多福)
의 동쪽에 있었는데, 그 뒤쪽에는 절벽이 깎아지른 듯이 서 있고,
좌우에는 숲이 무성하고 빽빽하며, 앞면에는 또한 숲이 울창하고,
숲 밖으로는 작은 시내가 있는데 거의 말랐다. 그래서 반적들이
일어서면 얼굴을 볼 수 있지만, 앉으면 형체를 볼 수가 없다. 그들
가운데 한 사람이 환도(環刀)를 가지고 이따금 휘둘러서 위엄과 용
맹을 보였다.

내가 말 위에서 정여립(鄭汝立)의 이름을 부르며 크게 꾸짖어 말
했다.

"그대는 경연(經筵)에 참여하는 근신(近臣)으로서 감히 모반을 꾀
하여 임금이 체포하라 명하였으니, 그대는 마땅히 손을 모으고 죽임
을 당할 것이거늘 어찌하여 칼을 뽑고서 체포에 저항한단 말인가?"

정여립은 아무런 대답을 하지 않았고, 4명이 즉시 앉는 바람에
형체를 볼 수가 없었다. 점원 및 촌민들이 목궁(木弓)을 당기며 쏘
겠다고 청하였지만, 나는 그것을 제지하였는데 생포할 계획이 있
어서였다. 머뭇거리고 있을 즈음, 해가 서쪽 고개에 걸려 있는지
라 체포하지 못할까 염려하여 친근한 두 사람으로 하여금 몰래 가
서 정탐하게 하였다. 그랬더니 저들 가운데 칼을 잡고 있는 자가
말했다.

"전주(全州)의 수많은 군사들 속에서도 오히려 능히 앞장서서 탈

주하였는데, 지금 이곳에 있는 군사는 많아야 200명도 되지 못하니 만약 이 칼로 휘둘러 베면 탈주할 수가 있습니다."

정여립(鄭汝立)이 말했다,

"저들이 모두 활시위를 끝까지 당기고 있어 탈주할 수 있을 리가 전혀 없으니, 어찌 함부로 무고한 양민(良民)들을 죽이겠는가? 우리가 빨리 자결하는 것만 못하네."

정여립은 곧바로 한 사람이 쥐고 있던 칼을 재빨리 뺏어 다시 그 사람에게로 나아가니 그 사람이 목을 내밀고 칼날을 받으려 하여 한 번 베자 곧 쓰러졌고, 또 한 사람을 찔러 쓰러뜨리고, 또 한 사람을 찌르니 번개가 지나가듯 쓰러졌다. 정여립도 마침내 칼을 땅에다 꽂아놓고 목을 내밀어 엎어지면서 칼을 받고 말았다. 즉시 병사들을 재촉하여 가까이 가보게 하였더니, 정여립이 몸을 뒤집으면서 울부짖었다. 그 소리는 마치 소가 울부짖는 소리 같았으나 끊겼고, 칼이 뽑히자 피가 철철 흐르는데 칼 뽑은 구멍에서 흘러나왔다.

날은 이미 어두컴컴했지만 달은 아직 떠오르지 않았다. 정여립과 한 사람은 모두 죽었지만, 두 사람은 아직 살아있는 기운이 있어서 소나무를 가져다 불을 붙여 밝게 살피니, 관(冠: 갓)을 쓴 자는 우측에 칼을 맞아서 중상이었고, 총각머리를 한 자는 좌측에 칼을 맞았으나 중상에 이르지 않았다. 수철점(水鐵店)에서 교맥면(蕎麥麵: 메밀가루)을 끓여 떡을 만들도록 재촉하여 상처에 붙여주면서, 한편으로 사람을 현옥(縣獄: 진안현 옥사)에 급히 보내어 갇혀 있는 승려 지영(志永)을 체포해 데려오도록 시켰으니, 그들이 누구인지 알려는 것이었다. 정여립(鄭汝立)과 한 사람은 혀를 잡아 빼니 거의 세 치 남짓이었다.

나무를 베어다 불을 지펴서 밝게 한 뒤, 군사들로 하여금 포위하여 주둔해 있는 곳을 엄중하게 방비하고 지키도록 하였다. 잔당이 근처에 잠복해 있다가 이미 체포한 병사들이 피곤해진 틈을 엿보아 급습할까 염려되어서였다.

그날 밤 사경(四更: 새벽 2시 전후)에 지영(志永)을 체포해 왔는데, 그로 하여금 살피고 말하게 하니, 한 사람에 대해서는 "정여립이다."라고 하였으며, 또 죽은 한 사람을 가리키면서 "정옥남(鄭玉男)이다."라고 하였으며, 그 나머지에 대해서는 "알지 못한다."라고 하였다. 얼마 되지 않아, 혼절해 쓰러져 있던 두 명이 다시 깨어나서 일어나 앉더니 상처에 붙여주었던 메밀떡을 손으로 떼어 먹었다. 비로소 죽은 자와 그들이 누구인지 묻자, 총각머리를 한 자가 말했다.

"죽은 자 가운데 한 사람은 정여립이고, 다른 한 사람은 정옥남입니다. 산 사람은 박연령(朴延齡)의 아들 박춘룡(朴春龍)으로 정여립에게 수학한 자입니다. 저는 정여립의 노비인 물금(勿金)의 아들 검금(撿金)입니다."

즉시 첩문(牒文: 보고문서)을 작성하여 감사(監司)·병사(兵使)·독포어사(督捕御史)·선전관(宣傳官) 등 네 곳에 나누어 보고하였다.

시신을 자세히 검사하니, 정여립(鄭汝立)은 몸에 목면(木綿)으로 된 저고리 두 벌을 입었는데 목면의 유과두(襦裹肚: 소매가 없는 쾌자형의 저고리)를 누인 삼의 껍질 끈으로 묶고 있었다. 발에는 짚신을 신고 있었는데 짚신이 해지고 버선도 또한 해져서 두 엄지발가락이 드러났다. 가슴에는 사기주발을 안고 있었는데 주발주둥이는 살에 박혀 있었다. 또 다른 죽은 자는 평상복을 입었는데 왼쪽 팔뚝의 관절에는 가죽주머니 하나가 걸려 있고 오른쪽 팔뚝의 관절에는 작은 칼 하나가 묶여서 가죽으로 싸여 있었다. 한 사람은 풀 꾸러미를 지고 있었는데 홑겹의 직령(直領: 무관의 겉옷)을 찢어서 작은 포대[小帒]를 만들어 하나는 메밀가루 두세 되가 담겨있고 하나는 팥 한두 되가 있었다. 휴지로 소금 몇 홉을 쌌는데, 그 휴지의 글은 호남의 재상경차관(災傷敬差官) 홍종록(洪宗祿)에게 가는 것이었으나 모두 피에 적셔져 있어서 불살랐다.

十四日。

平明, 治任發行, 還到縣地二十里程新院, 欲秣馬, 日已晚矣。卽接留吏[33]文狀[34], 言:「荒唐人來到西面, 面民朴長孫等, 率同里人九名, 往告衛將李希壽, 同力追逐。」云, 卽直馳入客館。令吹手[35]上官門吹大角擊疾鼓, 聞鼓角而頃刻來會者, 百五十餘

33　留吏(유리): 지방 군현의 관아에 남아있던 吏胥.
34　文狀(문장): 조선시대 公兄·아전 등이 관부에 올리는 문서양식.

人。卽領率疾馳, 往赴西面山尺店, 店人及村民三十六名, 圍賊
於多福(地名), 乃全州高山³⁶境也。詰其所圍者何等人, 則皆答
以某也。而不直言其姓名。蓋本縣之民, 以竹島有鄭賊書堂, 鄭
賊常常往來, 故人無不識其面目, 而曾怯威稜, 不敢斥言名字
也。于時日已高舂³⁷, 立馬於高皐, 看審賊之所在, 則賊四人, 在
多福東, 其後則絶壁削立, 左右林木蔥密, 前面亦多林藪, 林外
有小溪將涸。賊立則見面, 坐則不見形矣。中有一人持環刀³⁸,
時時揮動, 以示威勇。余於馬上, 呼汝立名而大叱曰: "汝以經
幄³⁹近臣, 敢圖不軌⁴⁰, 君命逮捕, 汝當束手就戮, 奈何拔劍拒捕
耶?" 汝立不答, 四人卽坐不得見形。店人及村民, 彎木弓請射,
余止之, 計有活捉也。遲疑之際, 日爲西嶺所礙, 恐致失捕, 令
親近二人, 潛往偵探。則杖劍者曰: "全州千萬軍中, 尙能挺身脫
走, 今此之軍, 多不滿二百, 若以此劍揮斫。則可以得脫矣。" 汝
立曰: "彼皆彀弩持滿⁴¹, 萬無得脫之理, 何用浪殺無辜良民哉?

<hr>

35 吹手(취수): 吹鼓手. 호각을 부는 자와 북을 치는 사람.

36 高山(고산): 전라북도 완주군에 있는 지명.

37 舂(용): 산 이름. 해가 지는 곳이다.

38 環刀(환도): 조선시대에 사용하던 전통 무기로 고리를 사용하여 佩用하였던 칼. 칼
자루는 붉은 칠을 하고, 윗 마개에는 卍字文이 투각되어 있다.

39 經幄(경악): 經筵. 조선시대 신하가 국왕에게 儒學의 經書나 역사서를 강론하는 일이
나 그것을 행하는 자리를 말한다. 국왕이 스스로의 德으로 백성들에게 敎化시켜야 한
다는 유교적 이상 정치를 추구하기 위해 만든 장치이다. 따라서 신하들은 경연을
통해 諫言을 하여 국왕의 專制權을 규제하기 위한 수단으로 이용하였다.

40 不軌(불궤): 不軌. 국가의 법을 지키지 아니함. 모반을 꾀함.

吾等莫如早自決也." 旋取一人所杖之劍, 拄於頷下裂破之, 更進
於其人, 則其人引頸受刃, 一斫乃倒, 又刺一人而倒, 又刺一人,
閃過而倒. 汝立遂植劍於地, 延頸伏而受之. 卽令催兵迫之, 則
汝立翻身大叫. 聲若牛吼而絶, 劍拔而血淋漓, 從劍孔出. 日已
昏黑, 月色未揚42. 汝立及一人皆死, 二人尙有生氣, 取松明以
燭之, 則冠者右邊逢刃重傷, 卝者左邊逢刃不至重傷. 於水鐵
店, 催煮蕎麥麵43作餠, 傅於瘡口, 一邊差人, 馳送于縣獄, 押來
囚僧志永, 蓋欲認其誰某也. 汝立及一人, 拔舌幾三寸餘矣. 刊
木44爇火, 以取其明, 用軍圍駐, 嚴其防守. 慮有餘黨潛伏於近
處, 乘其已捕兵懈而襲也. 夜四更, 押志永來, 使之諦審則曰,
一則"鄭汝立也." 又指死者一人曰: "玉男." 其餘則"不知."云. 未
幾, 昏仆者二人復甦起坐, 便以手摘所傅蕎麥餠而食之. 始問死
者與渠等誰某, 卝者曰: "死者一則汝立也, 一則玉男也. 生者一
則朴延齡之子春龍, 受學於汝立者也. 我則汝立奴勿金之子撿
金."云. 卽成牒文45,   分報于監司·兵使·督捕御史·宣傳官四
處. 審檢屍身, 則汝立身穿木綿二襦衣, 木綿襦裹肚, 以熟麻繩
約束. 足着藁鞋46, 藁鞋穿破, 足巾亦破, 露其兩拇指矣. 當胸

---

41 持滿(지만): 다만 활을 가득히 당기기만 하고 발사하지 않은 것.

42 未揚(미양): 아직 떠오르지 않음.

43 蕎麥麵(교맥면): 메밀가루.

44 刊木(간목): 伐木. 산이나 숲의 나무를 벰.

45 牒文(첩문): 牒文. 공문서의 일종으로 하급관사에서 상급관사로 보고하는 문서.

抱磁椀⁴⁷, 椀口親肌。一死者則着常衣⁴⁸, 左膊上節, 懸一皮囊,
右膊上節, 結一小刀, 以皮裹之。一人背負草苞, 裂單直領⁴⁹作
小帒, 一盛蕎麥二三升, 一盛小豆一二升。以休紙裹鹽數合, 其
書卽湖南災傷敬差官⁵⁰洪宗祿⁵¹所抵也, 而幷血漬, 乃付之于火
中矣。

10월 15일。

이미 날이 밝았다. 풀을 엮어 발을 만들어서 두 사람의 시신을
싸니, 이전에 혀를 잡아 빼놓은 것이 모두 여느 때처럼 입 안에 들
어가 있었다. 두 필의 말에 두 시신을 싣고 두 필의 말에 두 명의

---

46 藁鞋(고혜): 짚신.
47 磁椀(자완): 사발. 사기로 만든 밥그릇이다.
48 常衣(상의): 평상복.
49 直領(직령): 무관의 겉옷.
50 敬差官(경차관): 조선시대 중앙 정부의 필요에 따라 특수 임무를 띠고 임시로 지방에 파견된 관직.
51 洪宗祿(홍종록, 1546~1593): 본관은 南陽, 자는 延吉, 호는 柳村. 1567년 사마시에 합격하여 생원이 되고, 1572년 생원으로 별시문과에 급제한 뒤 예문관검열이 되었다. 이어 三司의 여러 관직을 거쳐, 1583년 병조정랑이 되었다. 1589년 鄭汝立의 모반사건 때 정여립의 조카 鄭緝의 문초에서 그의 이름도 거론되어 국문을 받고 龜城으로 귀양 갔다. 뒤에 풀려나와 濟用監正이 되었다. 1592년 임진왜란이 일어나자 이조정랑 辛慶晉과 함께 도체찰사 柳成龍의 종사관으로 각 진영의 연락과 군수품 공급의 일을 맡았다. 같은 해 郭山에서 龜城으로 들어가 그 곳 관민의 협조를 얻어 많은 양곡을 정주·가산 등지로 수운하여 군량 공급에 크게 공헌하였다.

산 자를 태워, 군사들로 하여금 에워싸도록 하여 미리 전주(全州)로 가서 장차 감사(監司)에게 포로를 바치려고 하였다. 웅현(熊峴, 협주: 전주 땅)의 길로 접어들자, 매복병들이 활을 마구 쏘며 말에 실려 있던 시신과 생포자들을 탈취하려 하여, 내가 관군들을 돌려 활을 쏘게 하니 복병들이 그제야 퇴각해 흩어졌다.

전주 감영(監營)에 이르니, 감사가 진(陣) 친 것이 자못 정돈되어 전령(傳令: 명령을 전하는 자)이 아니면 어떤 사람의 출입도 허락하지 않았다. 이에 성문(城門)을 지키는 자로 하여금 내가 반적의 시체와 두 생포자를 데려온 연유를 알게 한 뒤에야, 전령(傳令)을 보내어 들어오도록 허락하였다. 성에 들어가자, 성안에 거주하는 백성들 남녀노소 불문하여 모두 문 밖으로 나와 두 손을 모아 늘어서서 절하고, 환호성이 사방에서 들리며 서로 다투어 축하하였다. 게다가 만약 포획하는 것이 조금만 지체되었다면 아무런 죄 없이 죽은 자가 몇이나 되었을 것이냐고 말하면서 감격하여 눈물을 흘리며 우는 사람이 있을 정도에 이르렀다.

감사(監司: 李洸)가 4명의 반적들을 자운루(紫雲樓) 아래에 늘어놓게 하고 부윤(府尹: 전주 부윤) 윤자신(尹自新)으로 하여금 옥 안에 갇혀있는 정집(鄭緝)을 꺼내게 하여 산 자와 죽은 자가 누구인지를 곁눈질로 검사하도록 하니, 그가 말했다.

"죽은 자 가운데 한 사람은 나의 숙부요, 또 한 사람은 변숭복(邊崇福)입니다. 총각머리를 한 자는 정옥남(鄭玉男)이요, 갓을 쓴 자는 박춘룡(朴春龍)입니다."

감사가 장계(狀啓)를 만들어 진안현(鎭安縣)의 형리(刑吏) 백학천 (白鶴天)으로 하여금 경성(京城)에 가져가게 하고, 또 전주(全州)의 아전을 차출하여 함께 가도록 하며 말했다.

"군사기밀의 중대한 일이니, 쌍으로 역마(驛馬)를 징발하는 법이다."

장계를 뜯어본 뒤, 주상은 백학천을 불러 반적들을 체포하게 된 곡절을 묻고 술 및 저고리 두 벌을 하사하였다.

이날 감사(監司: 李洸)가 또 말했다.

"얼마 전에 유지(有旨: 왕명서)가 내려왔는데, 도내(道內: 전라도)의 명산의 사대부 묘산(墓山)은 말할 것도 없이 모조리 불태우라고 하였으니, 만약 반적을 체포하는 것이 하루만 조금 더 늦었다면 사대부의 묘산은 또한 불태워지는 것을 면치 못했을 것이네. 일전에 주상이 경기전(慶基殿) 및 문묘(文廟)가 놀라 들썩거리지 않을까 염려하여 승전색(承傳色: 승전 내관) 김양보(金良輔)에게 가서 살피도록 명하였는데, 방금 객관(客館)에 있다가 두 시체 및 정옥남(鄭玉男)과 박춘룡(朴春龍)을 압송해 갔네."

감사가 이어서 나의 자급(資級: 관리의 품계)을 묻는지라, 내가 중훈대부(中訓大夫)라고 대답하니, 감사가 말했다.

"반드시 그 자급(資級)에 준하여 벼슬이 올라갈 것이네."

나는 물러나와 종이와 붓을 구하여 편지를 써서 백학천(白鶴天)에

게 부탁해 부모님께 보내려 하니, 사람들이 부윤(府尹: 尹自新)이 자
운루(紫雲樓)에 있으니 그것들을 구할 수 있을 것이라고 말하였다.
내가 자운루에 올라가서 부윤에게 절하니, 부윤이 말했다.

"그대는 무슨 방법과 책략으로 역적의 괴수를 포획한 것이 무려
네 명이나 된단 말인가?"

나는 도직(盜直)을 파한 것이 포획할 수 있었던 이유라고 대답하
자, 부윤이 감탄하여 말했다.

"나의 지혜가 그대의 원대하고 중요한 뜻에 미치지 못했구먼. 일
찍이 도직을 파하지 못한 것이 한스럽네."

내가 말했다.

"절대로 그렇지 않습니다. 진안현감이 도직을 파하는 것은 오
히려 괜찮지만, 전주 부윤(全州府尹)이 만약 도직을 파하면 역적을
미처 체포하기도 전에 관부(官府: 조정)의 견책이 먼저 미칠 것입
니다."

부윤이 말했다.

"그 또한 그렇겠네."

종이와 붓을 얻어 편지를 써서 백학천(白鶴天)에게 부탁하고 돌아
보니, 부윤(府尹: 尹自新)의 아들인 윤기헌(尹耆獻)은 판관(判官) 나정
언(羅廷彦) 및 6,7명의 다른 사람들과 어떤 사람을 중심으로 빙 둘러
앉아있었다. 내가 이어 나아가 보니, 정옥남(鄭玉男)을 그 가운데
두고 종이와 붓을 주어 그의 집에 도탑게 드나들었던 사람을 쓰게

하였는데 이미 10여 명을 쓴 데다 또 이정서(李廷犀)의 이름을 쓰고 있었다. 내가 말했다.

"이씨(李氏) 집안과 네 집안이 대대로 내려오는 원수지간임은 나라 사람들이 다 아는 것이다. 그런데 지금 친하고 정의가 두터운 사람들 중에 끼워 넣었으니, 이는 무고(誣告)이로다."

정옥남(鄭玉男)이 쓰던 것을 멈추고 나를 돌아보며 말했다.

"다른 이씨(李氏)라면 아닌 게 아니라 우리 집안과 사이가 좋지 않았겠지만, 이정서(李廷犀)는 좋은 벼슬을 하고자 하여 우리 외할아버지의 안장(安葬) 때에 비록 걸음걸이가 불편했는데도 심지어 가마를 메도록 해서까지 가서 보았으니, 그 도타운 정을 알 수 있습니다."

내가 그 자리에 있던 자들에게 물었다.

"누가 이 아이에게 이것을 쓰도록 시켰느냐? 관찰사의 명이 있었느냐? 아니면 부윤의 명이 있었느냐?"

정옥남(鄭玉男)이 붓을 내던졌고, 그 자리에 있던 사람들이 모두 흩어졌다. 정옥남이가 그 종이에 쓴 내용을 다 기억할 수는 없으나, 다만 이정붕(李廷鵬)·김빙(金憑)은 기억될 따름이었다. 내가 정옥남에게 물었다.

"너의 아버지가 천문(天文)·지리(地理)·복서(卜筮)에 능통하다던데, 그러하냐?"

정옥남이 대답했다.

"만약 참되게 알았다면, 어찌 속히 실패하여 이 지경에 이를 수 있겠습니까?"

내가 또 물었다.

"어떻게 금부도사(禁府都事)와 선전관(宣傳官)이 체포하러 오는 줄 알고 달아날 수 있었느냐?"

정옥남(鄭玉男)이 말했다.

"금구(金溝)의 저리(邸吏: 吏屬)가 우리집 여종의 남편이었습니다. 도사(都事) 등이 전주(全州)에 들어와 군사를 불러 모을 때, 그가 미리 알려주었기 때문에 능히 달아날 수 있었습니다."

내가 또 물었다.

"여러 곳에 도직(盜直)이 매우 삼엄하였는데, 너희들이 어떻게 이 곳에 득달할 수 있었느냐?"

정옥남이 말했다.

"진안(鎭安)은 도직을 파하였기 때문에 낮에는 숨고 밤에는 걸어서 진안의 경내인 서면(西面)에 쌓아둔 벼와 기장의 마른 짚더미 속에 숨었습니다. 3일 동안이나 불에 익힌 음식물을 먹지 못하여 어제 아침에 제가 혼자 나와서 익힌 음식물을 구하다가 사람들에게 발각된 것입니다."

금구(金溝)의 품관(品官) 임수(林遂)의 첩의 딸 애복(愛福)은 절세(絕世)의 자색(姿色)이었다. 일찍이 사인(士人)에게 시집갔으나 사인이 죽자, 애복(愛福)은 바야흐로 상제(喪制)의 예법을 지키고 있었다. 정여립(鄭汝立)은 그녀가 아름답다는 말을 듣고 강제로 범하고서 가장 많이 총애하였다. 정여립이 달아난 뒤, 맨 먼저 잡혀가다가 일행이 광정역(廣程驛)에 이르러 백학천(白鶴天)이 역마를 타고 달려 지나가면서 그녀에게 정여립이 체포되려 하자 자살한 실상을 이야기 하니, 애복은 이를 듣자마자 기절하였다. 압송하던 의금부 군졸이 자기가 죄를 입을까 두려워서 백방으로 힘써 목숨을 살렸다. 그녀가 국문을 받기에 미쳐, 전 남편의 상복(喪服)을 벗지도 못한 상태에서 강제와 협박을 받은 정상을 참작하여 형문(刑問: 정강이를 때리며 신문하는 짓)을 두 차례 한 후에 그녀를 방면하였다. 금오(金吾: 의금부)의 조졸(皁卒: 관노비)이 그녀의 행색을 가엾게 여겨 자기 집을 팔아 약물과 음식을 사서 밤낮으로 보살피고 살기를 바라며 부부가 되어 함께 늙기를 생각했지만 끝내 구하지 못하였다.

十五日。

既明。編草作箔, 裹二人尸, 則前所拔舌皆收入如常矣。載二屍於二馬, 騎二生於二馬, 用軍圍繞, 前往全州, 將獻俘於監司。路出熊峴(全州地), 有伏兵亂射, 欲奪所載屍及生口[52], 余令官軍還射, 伏兵乃退散。進到營下[53], 監司結陣頗整, 非傳令[54],

---

52 生口(생구): 포로.

53 營下(영하): 각 지방에 있는 監營·兵營·水營·留守營 따위의 관청 건물 내부나 그 전체를 가리키기도 하고, 또는 그것이 있는 고을을 두루 일컫기도 함.

不許人出入。乃使守門者，通告以余持賊屍及二生口而來之由，
然後乃發傳令許入。及入城，居民老少及士夫婦女，皆出門攢手
羅拜，歡聲四合，爭相慶賀。且言若少遲捕獲，則無辜而死者幾
人，至有感極而涕泣者。監司令陳四名口於紫雲樓下，使府尹尹
自新[55]，取獄中所囚鄭緝[56]出，俾驗死生者爲誰，則曰："一死者，
吾叔也；一死者，邊崇福[57]也；卯者，玉男也；冠者，朴春龍也。"

---

54 傳令(전령): 명령을 전달하는 임무를 맡은 사람.

55 尹自新(윤자신, 1529~1601): 본관은 南原, 자는 敬修. 1546년에 진사가 되었고,
1562년 별시문과에 급제하여 성균관에 보임. 여러 벼슬을 거친 뒤 회양부사로 부임
하여 학문을 크게 진흥시켰다. 태인현감·호조정랑·사예 등의 관직을 거쳐 1585년
호조참판이 되었다. 1586년 성절사로 명나라에 갔다가 숙소에서 失火하여 문죄 당하
였다. 1589년 기축옥사 때 전주부윤이 되어, 역적 鄭緝을 잡은 공으로 加資되었다.
임진왜란 당시에는 우승지로서 왕을 호종하여, 피난할 때 寶山驛에 이르러 宗廟署提
調가 되어 종묘의 신주를 임시로 송도에 묻었다. 1594년 지돈녕부사·형조참판을
역임하고, 이듬해 지의금부사·遠接使를 지내고, 1597년 정유재란 때는 宗廟를 지키
고 중전과 세자를 보필하였다. 이 해 한성부판윤·공조판서를 거쳐 다음해 지중추부
사·호조판서를 지냈다.

56 鄭緝(정집): 鄭汝立의 조카.

57 邊崇福(변숭복, ?~1589): 기축옥사와 관련된 유학자. 본래 安岳의 교생으로 용맹이
뛰어났다. 鄭汝立과 알게 되면서 서로 의기투합하여 함께 거사계획을 세웠다. 역모
를 도모하면서 가명을 쓰기도 하였는데 안악에서는 본명을 쓰고, 전주에서는 邊淶,
동래에서는 白日昇이라는 이름으로 활동하였다고 한다. 그 뒤로 은밀히 정여립과
연락하면서 같은 안악사람 朴延齡, 해주사람 池涵斗 등과 함께 주로 황해도 일대를
중심으로 거사동지들을 규합하고 군사를 일으켜 역모를 추진했으나 함께 일을 도모
하던 교생 趙球가 안악 군수에게 붙들려 모의 사실을 실토하였다. 이에 안악 군수
李軸, 재령 군수 朴忠侃, 신천 군수 韓應寅 등이 역모사건을 고변하자 변숭복은 안악
에서 전라도 金溝까지의 먼 길을 3일 만에 달려가서 정여립에게 알렸다. 정여립과
그날로 함께 도망하여 竹島에 숨었으나 이 사실을 안 진안현감 閔仁伯의 군사에 의하
여 포위되자 목을 찔러 정여립과 함께 자결하였다.

監司成狀啓, 令鎭安刑吏白鶴天陪持[58], 而又差全州吏同往曰:
"軍機重事, 則雙發馬[59]法也." 及狀啓開拆, 上招鶴天問捕捉之
由, 賜酒及襦衣二領。

是日, 監司又云: "卽者[60]有旨[61]來, 勿論道內名山士大夫墓
山[62], 盡爲焚燒, 若捕賊少遲一日, 則士大夫墳山, 亦不免焚燒
矣. 日前, 自上慮慶基殿[63]及文廟[64]驚動, 命承傳色[65]金良輔[66]往
視, 方在客館, 卽押送二屍及玉男·春龍去." 監司仍問余資級[67],

---

58 陪持(배지): 지방 관청에서 장계를 가지고 서울에 가던 사람.
59 發馬(발마): 驛馬를 징발함. 奉使人員과 관찰사 및 절도사 기타 인원이 임금에게 보
   고할 일이 있거나 진상할 경우에 역말을 징발하는 것을 말한다.
60 卽者(즉자): 얼마 전. 앞서.
61 有旨(유지): 조선시대 승정원의 담당승지를 통하여 명령을 받는 이에게 전달되는
   왕명서.
62 墓山(묘산): 墳山. 무덤이 있는 산.
63 慶基殿(경기전): 조선시대 太祖의 影幀을 봉안하고 제사 지내던 外方 殿閣. 1410년에
   창건되었다.
64 文廟(문묘): 유교의 성인인 孔子를 모시는 사당. 공자를 정위 좌우에 중국과 우리나
   라의 명현 위패를 봉안해 성균관과 향교에 건치한 묘우이다.
65 承傳色(승전색): 조선시대 내시부에서 임금의 뜻을 전달하는 일을 맡아보던 벼슬.
66 金良輔(김양보, 생몰년 미상): 본관은 三陟, 자는 良佐, 호는 松峯. 형 金良弼과 함께
   어려서부터 활쏘기를 즐기며 武를 단련하였고, 책읽기를 즐기며 文을 숭상하였다.
   1524년 무과에 급제함으로써 萬戶가 되었다. 임진왜란이 일어나자 선조는 의주로
   파천하게 되자, 그는 안전하게 호송하였으며, 龍灣까지 왕을 호송하였다. 이후 1604
   년에는 判漢城府尹을 지냈으며, 선조의 의주 파천 호송의 공을 인정받아 陟州君에
   책봉되었다.
67 資級(자급): 벼슬아치의 職品과 官階. 벼슬아치의 위계를 이른다.

余對以中訓[68], 監司曰:"必准資陞敍[69]矣." 余退而欲求紙筆, 修
書付鶴天, 送于親庭, 則人言府尹在紫雲樓, 可求之. 余上樓拜
府尹, 府尹曰:"君以何方略, 捕獲逆魁, 多至四級?" 余對以罷盜
直之由, 府尹歎曰:"吾之智, 不及君遠甚矣. 恨未早罷盜直也."
余曰:"大不然. 鎭安縣監罷盜直, 則猶之可也, 全州若罷盜直,
則逆賊未捕, 而官譴先及矣." 府尹曰:"是亦然矣." 得紙筆, 修書
付鶴天, 回顧則府尹子耆獻[70], 判官[71]羅廷彦[72]及六七他人, 環擁
一人而坐. 余乃就見, 則置玉男於其中, 給紙筆, 使書其家親厚
出入人, 已書十餘人, 又書李廷犀名. 余曰:"李家與汝家世讎,
國人所共知也. 而今列於親厚中, 是誣也." 玉男停筆, 顧余而言
曰:"他李則果與我家不好, 廷犀則欲做好官, 我外祖永葬時, 雖
不利行步, 而至於擔轎[73]往見, 其情好可知." 余問在座者曰:"誰
令此兒書此? 有使相[74]之令乎? 有府尹之令乎?" 玉男投筆, 而諸

---

68 中訓(중훈): 中訓大夫. 조선시대 종3품 東班 文官에게 주던 品階.

69 陞敍(승서): 벼슬을 올려 줌.

70 耆獻(기헌): 尹耆獻(1548~?). 본관은 南原, 자는 元翁, 호는 長貧子. 부친은 扈聖功
臣 2등으로 龍原府院君에 추증된 尹自新이다. 조선 중기의 문신 학자로서 李珥의
문인이다. 1570년 式年司馬試에 합격하고 1600년에 竹山縣監을, 뒤에 漢城府左尹을
지내고 龍城君에 봉해졌다.

71 判官(판관): 조선시대 종5품 京官職.

72 羅廷彦(나정언, 1558~?): 본관은 羅州, 자는 士美. 1580년 무과에 급제하였다. 晋州
牧史를 지내고, 兵曹參判 겸 同知義禁府使에 추증되었다. 정여립이 도주했다는 의금
부도사 柳湛의 서장을 받고, 全州府尹 尹自新과 判官 羅廷彦에게 軍官을 주어 출발시
켰다.

73 擔轎(담교): 가마를 멤.

人皆散。其中所錄，不能盡記，而只記得李廷鵬・金憑[75]而已。
余問玉男：“汝父能通天文・地理・卜筮云，然乎？”答曰：“若眞知
之，則安有速敗至此？”又問：“何以知禁府都事・宣傳官之來捕而
能逃乎？”曰：“金溝[76]邸吏[77]，卽吾家婢夫也。都事等入全州聚軍
時，先通故能走耳。”又問：“諸處盜直甚嚴，汝等何以得達於此
乎？”曰：“鎭安罷盜直，晝伏夜行，來隱于境內西面禾黍藁委積
之下。三日不得食火化之物，昨朝余獨出求熟物，爲人所覺耳。”

金溝品官[78]林遂妾女愛福，有絶代色，曾嫁士人，士人死，愛福
方守制[79]。汝立聞其美，强奸而寵之專房[80]。汝立逃走之後，先

---

74 使相(사상): 관찰사.

75 金憑(김빙, 1549~1589): 본관은 通州, 자는 敬中. 1580년 별시 문과에 급제하였다.
    이조좌랑을 지낸 뒤, 1589년 鄭汝立이 모반에 실패하자 자결하였는데, 그 이듬해
    정여립을 追刑할 때 형조좌랑으로서 推鞫官이 되었다. 그러나 추국을 하다가 지병으
    로 눈물이 흘렀는데, 적대관계에 있던 白惟咸이 역적을 동정하여 운다고 무고하여
    곤장을 맞고 죽었다.

76 金溝(금구): 전라북도 김제 지역의 옛 지명.

77 邸吏(저리): 京邸吏 또는 營邸吏의 약칭. 경저리는 서울에 주재하면서 지방 관청의
    서울에 대한 일을 대행하는 鄕吏이다. 이들은 주로 그 지방의 貢物, 立役 등의 일을
    대행했다. 영저리는 각 監營에 딸려 각 郡衙와 감영 간의 연락을 취하는 吏屬이다.

78 品官(품관): 官品, 즉 散官만을 가진 官人. 고려시대부터 토착사회의 지배자로서 군
    림해왔다. 이들은 在地地主로서 강력한 경제적 富를 기반으로 중앙 정계에 진출할
    수 있는 부류들이었다. 따라서 당장은 관직을 가지고 있지 않지만 이미 관직을 가지
    고 있었거나 언젠가는 관직을 차지할 수 있는 사람들이었다. 이들은 언제나 중앙
    정계의 동향에 민감한 반응을 보였고 국가에서도 이들의 향배를 예의 주시하지 않을
    수 없었다.

79 守制(수제): 喪이 있을 때 약 27개월 동안 근신하며 모든 교제를 끊고 조용히 지내는

爲拿去, 行到廣程[81], 白鶴天馳馹過去, 說其汝立就捕自刎之狀, 愛福聞卽氣絶. 押去之卒, 恐其見罪, 百端救活. 及其鞠問[82], 以不脫前夫之衰, 被其强脅之狀, 刑訊[83]二次後放之. 有金吾皁卒[84], 憐其色, 賣家而買藥物飮食, 晝夜救療, 冀其生活, 以爲偕老之計, 竟不救.

10월 25일.

정옥남(鄭玉男), 박연령(朴延齡), 박문장(朴文長), 정소(鄭紹), 김세겸(金世謙), 이광수(李光秀), 이기(李箕), 박응봉(朴應逢), 방의신(方義信), 황언륜(黃彦倫) 등을 문초한 내용은 이러하다.

지난 9월쯤 전주(全州) 정여립(鄭汝立)의 집에 모였는데, 정여립이 말했다.

"그대들이 비밀 회합[密約]을 듣고 천리나 먼 곳까지 찾아왔다.

것을 일컫는 말.

80 寵之專房(총지전방): 專房之寵. 어느 한 사람이 사랑을 독차지함을 이르는 말. 어느 한 사람에게 가장 많이 사랑을 쏟는 것이다.

81 廣程(광정): 廣程驛. 충남 공주시에 속했던 지명.

82 鞠問(국문): 피의자에게서 자백을 받기 위해 형장을 가하는 심문.

83 刑訊(형신): 刑問. 죄인의 정강이를 때리며 캐어물음.

84 皁卒(조졸): 皁隷. 관노비. 중앙관서와 종친 및 고위관리들에게 배속되어 있었으나, 이들의 관리는 병조에서 총괄하였다.

그대들이 떠나가지 않는다면 좋은 일이 많이 생길 것이고 의식이 또한 넉넉할 것이다. 만약 떠나간다면 틀림없이 기밀에 관한 일이 누설되어 필경 그대들의 처자식들을 숨겨야 하리니, 마음속으로 가만히 재어보아야 할 것이다. 지금 대사를 도모하기로 약속했으나 사정이 불편하여 당장 벌일 수가 없으니 다시 오는 것이 좋겠다."

또 말했다.

"자연재해와 세상변괴가 이때보다 더 심한 적이 없다. 이성량(李成樑: 이여송의 아버지)이 방산진(方山鎭) 이하를 빼앗고자 하는데, 만약 그 사람을 죽인다면 24군(郡)을 얻을 수 있을지라. 나를 장수로 삼으면 그대들을 무인(武人)이나 군관(軍官)으로 데리고 가겠다."

이렇게 말하고 정여립(鄭汝立)은 변사(邊泗)와 서로 말했다.

"이곳에는 80근이나 되는 장검을 몸에 지닌 자가 있는데 쟁반만 한 맷돌을 주먹으로 쳐서 즉시 깨뜨린다. 또 한 사람이 있는데 시체를 넣은 내관(內棺)과 외곽(外槨)을 짊어 메면서 잔걸음 없이 그 자리서 일어나 능히 5리를 가는 자이다. 또 세 사람이 있는데 높이가 3장(丈)이나 되는 대문을 능히 뛰어넘는 자들이다. 하삼도(下三道: 충청도·전라도·경상도)와 경기도의 사람들 및 승려들을 모두 심복으로 삼고 미리 용맹한 군사로 양성하였으니, 이 사람들로 하여금 대사를 일으키게 하고자 한다."

변사(邊泗)가 말했다.

"한강(漢江)은 수삼 일(數三日) 동안 강물이 피처럼 붉었고, 광주

(光州) 지역에 있던 두 곳의 연못은 연못물이 붉어지자 고기가 다 죽었고, 회덕(懷德)에서는 들판 가운데 있던 돌이 저절로 일어났는데 그 길이가 6,7척이고 또 물속에 있던 한 쌍의 바윗돌이 서로 마주보며 일어났는데 그 길이가 6,7척이었고, 김제(金堤) 땅에서는 밤나무에 머리털이 자라났다. 예로부터 변혁에는 비상함이 있었으니, 반심(叛心)을 품은 자야말로 장수가 된다.”

임수(林遂)가 말했다.

“〈천하의 영웅은〉 산 위의 돌이 일어나면 성인(聖人)이 되고 바다 속의 돌이 일어나면 소인(小人)이 된다고 했는데, 이번에는 들과 물 속의 돌이 모두 일어났으니 가장 귀한 경우이다.”

연 법주(衍法主: 승려 義衍)가 정여립의 관상을 보고 말했다.

“얼굴의 생김새가 다른 사람들과 다르고 평생의 운수도 또한 좋아서 남의 윗자리에 있을 것이다.”

변사(邊泗)는 구월산(九月山)의 삼성재(三聖齋) 뒤편에 있는 석굴에서 옥으로 만든 상자를 얻어 정여립(鄭汝立)에게 바쳤는데, 상자 안에는 천기(天機)와 지기(地機)와 관련된 12편이 파자(破字)로서 전읍(奠邑: 鄭의 파자)이 일어서리라 되어 있었고, 또 목자(木子: 李의 파자)가 장차 망할 것이지만 자년(子年)과 축년(丑年)은 아직 정해지지 않았고 인년(寅年)과 묘년(卯年)의 일은 어떠하리라는 등의 말이 있었다며, 문화현(文化縣) 구월산(九月山) 아래 당장자(唐莊子: 唐藏京의 오기) 곧 단군(檀君)이 도읍했던 곳에 도읍을 정하고자 하였다. 또 경

인년(庚寅年)은 평범한 운이고 임진년(壬辰年)은 대길할 운이니, 임
진년에 거사하더라도 반드시 얼음 얼기를 기다려야 승승장구 진격
할 수 있을 것이라고 말하며, 각자에게 화살대를 주면서 이르기를,
"내가 사람 보내기를 기다렸다가 군마(軍馬)를 이끌고 올라오라."고
했는데, 정여립(鄭汝立)과 변사(邊泗)의 말한 바가 낱낱이 서로 같았
으므로 무리들은 마침내 밀약을 맺고 왔던 것이다.

　정여립이 말했다.

　"홍문관(弘文館)의 관원이 된 지도 이미 몇 년이 지났지만, 만약
이와 같지 않으면 할 수가 없다. 천명이 이와 같으니, 경인년에는
거사할 수 있을 것이다. 정월 아무 날에 전주(全州)에서 군사들을
모으고, 군기(軍器)와 군량(軍粮)은 내가 쟁여둔 것을 가져다 쓰고
또 각 관아의 것을 약탈하여 쓰기로 한다."

　변사(邊泗)가 말했다.

　"전주 관원 및 전라도 병사(兵使)와 감사(監司)는 금부도사(禁府都
事)를 사칭해서 죽이고, 다른 고을의 수령들도 또한 이와 같이 해서
죽인다."

　김언린(金彦隣)이 말했다.

　"천안(天安)을 경유하는 길로 곧장 한강(漢江)과 경성(京城)에 당도
한다."

　변사(邊泗)가 말했다.

　"홍제원(弘濟院)에 이르러 진을 치면 용산(龍山)의 서강창(西江倉)

쌀을 먹을 수 있을 것이고, 싸우지 않고 오래도록 버티며 진 친 것을 풀지 않으면 이처럼 경성(京城) 밖의 쌀은 모두 우리들의 군량일지니, 8도에서 또한 장차 실어 나르더라도 도성 안의 사람과 말은 굶주려 죽게 될 것이다. 절로 형세를 알기가 어려워져 도성의 문을 열 것이니, 그런 뒤에는 들어갈 수 있을 것이다."

또 변사(邊泗)로 하여금 그의 무리들을 이끌고 경성(京城)에 흘러들어가도록 하면서, "미리 내응(內應)하기로 한 황억수(黃億壽) 등과 함께 병조판서를 죽이면 종루(鍾樓) 앞에 모여 진을 친 뒤에 병조(兵曹)의 동쪽과 서쪽에 있는 화약고(火藥庫)를 공격하여 모조리 불태우도록 하라. 그러면 그대들은 마땅히 공신(功臣)이 될 것이니, 길삼봉(吉三峯)을 추대하여 우두머리로 삼자."라고 하였다.

길삼봉은 임시로 부른 거짓이름이고 정여립(鄭汝立)이 우두머리인 것은 틀림없이 확실하다 하며, 그지없이 흉악한 사람으로 죄가 천지 사이에 용납되지 않을 줄 스스로 알고 있었는데 잡아들이라는 왕명이 내려졌다는 기별을 듣고서 변사(邊泗)와 동시에 도망하여 숨었지만, 또 정탐하는 것이 그의 무리들에게 미치자 한 곳에서 스스로 목을 베어 죽은 것은 비밀이 드러나지 않게 하려한 것이다.

임금이 전교(傳敎: 하명)하였다.

"정여립(鄭汝立)이 반역을 꾀한 대역무도의 죄상은 각각 사람의 공초에서 명백하게 드러났으니, 역적을 토벌하는 의리는 산 사람

이든 죽은 사람이든 막론하고 법에 의거하여 처결할 일이로다. 의
금부에 하옥하라."

二十五日.

鄭玉男, 朴延齡, 朴文長, 鄭紹, 金世謙, 李光秀, 李箕, 朴應逢,
方義信, 黃彦倫招內. 去九月分, 會于全州鄭汝立家, 汝立曰:
"汝等聞密約, 千里遠來. 汝等不去, 則多有好事, 衣食亦足. 若
出去, 則必洩機事, 畢竟諱汝妻子, 中心暗度可也. 今約大事, 而
事勢非便, 未能卽發, 可以更來." 且曰: "天灾時變, 未有甚於此
時. 李成樑[85]欲奪方山[86]以下, 若殺此人, 可得二十四郡. 以我爲
將, 則汝等武人軍官帶率."云云. 與邊泗[87]相謂曰: "此處有八十
斤長劍佩持者, 而如盤磨石[88], 拳敺卽破. 又有一人, 擔持屍體入
盛內外棺槨[89], 不步而起, 能行五里者. 又有三人, 能超過大門高
可三丈者. 下三道[90]京畿之人及僧人, 皆爲腹心, 預養勇士, 欲使
此人等擧事."是如爲旀[91]. 邊泗曰: "漢江段[92], 數三日水赤如血,

---

85 李成樑(이성량, 1526~1615): 명나라로 귀화한 조선인. 본관은 慶州, 자는 汝契, 호
    는 引城. 왜란 때 명나라 장수인 李如松의 아버지. 명나라 廣寧總兵官으로서 方山鎭
    에 堡를 설치하려 했던 것은 《宣祖修正實錄》 1573년 11월 1일 12번째 기사에 보인다.
86 方山(방산): 方山鎭. 평안북도 의주군 가산면 방산동에 있는 鎭.
87 邊泗(변사): 邊淶로도 표기됨.
88 磨石(마석): 맷돌.
89 內外棺槨(내외관곽): 內棺과 外槨. 내관은 죽은 자의 시체를 관에 넣기에 앞서 넣는
    또 하나의 관, 즉 관 속의 관이다. 외관은 관을 담는 곽이다.
90 下三道(하삼도): 충청도, 전라도, 경상도 세 지방을 통틀어 이르는 말.
91 是如爲旀(시여위며): '이라 하며'의 이두표기. 이는 나열형이나 번역문에는 종결형

光州地二處池段, 水赤而魚盡死, 懷德[93]段, 野中石自起立, 其長
六七尺, 又一雙水中石, 相對起立。長六七尺, 金堤[94]地段, 栗木
生髮。自古變有非常, 叛心者爲將.”是如爲㫆。林㴚曰:“山上石
起則聖人出, 海中石起則小人出[95], 此則野與水中石皆起最貴.”是
如爲㫆。衍法主[96]見汝立相曰:“相格[97]異於人, 八字[98]亦好, 可在
人上.”是如爲㫆。邊泗於九月山[99]三聖齋[100]後石窟, 得玉函, 納于
汝立, 其中有天機地機十二篇, 以破字作奠邑立, 又有木子將亡,
子丑猶未定, 寅卯事何如等語是如爲㫆, 欲於文化[101]九月山下唐

___

으로 처리한다.

92 段(단): ‘은/는’의 이두표기.
93 懷德(회덕): 충청남도 大德郡에 있는 지명.
94 金堤(김제): 전라북도의 중앙부 서쪽에 있는 지명.
95 山上石起則聖人出, 海中石起則小人出(산상석기즉성인출, 해중석기즉소인출): 중국
  고대 천문서인《觀象玩占》〈石雜變〉의 “돌이 갑자기 저절로 일어서면 庶人이 천하
  의 영웅이 된다. 산에서 일어서면 同姓이 되고, 평지에서 일어서면 異姓이 되고, 물
  에서 일어서면 聖人이 되고, 늪에서 일어서면 小人이 된다. … 돌이 이유없이 저절
  로 자리를 옮기면 그 지역에서는 병란이 일어난다.(石忽自起立, 庶士爲天下雄. 立
  于山爲同姓, 平地異姓, 立于水爲聖人, 于澤爲小人 … 石無故自移, 其地有兵亂.)”에
  서 나오는 말.
96 衍法主(연법주): 鄭女立과 함께 圖讖을 빙자하여 謀叛한 승려 義衍. 法主는 法師로서
  불법에 통달하고 설법을 잘하는 승려를 이르는 말이다.
97 相格(상격): 觀相에 있어서 얼굴의 생김새.
98 八字(팔자): 일생의 운수.
99 九月山(구월산): 황해도 은률군과 안악군 경계에 있는 산.
100 三聖齋(삼성재): 桓因·桓雄·檀君을 모시는 三聖祠.
101 文化(문화): 文化縣. 황해도 三泉郡, 信川郡 서부와 安岳郡 남부 일대에 있었던 옛
  고을.

莊子[102]檀君所都處定都是如爲㫆。又言庚寅平吉[103]，　壬辰大吉，
其年擧事，必待氷凍，可以長驅以進是如[104]。各給箭竹曰：“待吾
送人，率軍馬上來。”汝立·邊泗所言，一一相同矣，等卒成密約而
來是如爲㫆。汝立曰：“弘文[105]官員旣爲數歲，若非如此，不可爲
矣。天命如此，庚寅年可擧事也。正月某日，自全州聚軍，軍器
軍粮，則余所藏取用，且掠各官而用之。”邊泗曰：“全州官員及本
道兵使·監司段，假稱禁府都事而殺之，他邑守令，亦如此殺之。”
是如爲㫆。金彦隣曰：“由天安[106]之路，直抵漢江京都。”是如爲㫆。
邊泗曰：“至弘濟院[107]結陣，可食龍山西江倉米，不戰持久，結陣
不解，如此京城之外，皆我等軍粮，八道亦將輸運，城中人馬餓
死。自知勢難開門，然後可以入矣。”是如爲㫆。又使邊泗率其黨，
流入京城，“與內應人黃億壽等，殺兵曹判書，會鍾樓前結陣，仍
擊兵曹東西火藥庫，盡爲焚燒。汝等當爲功臣，推吉三峯爲首。”

---

102 唐莊子(당장자): ‘唐藏京’의 오기. 檀君이 도읍했던 곳이라 하며, 그 터가 아직도 남
　아 있다.

103 平吉(평길): 별다른 걱정이나 근심 없이 평안하고 좋음.

104 是如(시여): ‘~이다, ~이라고, ~이라는’의 이두표기.

105 弘文(홍문): 弘文館. 조선시대에 궁중의 經書·史籍의 관리, 文翰의 처리 및 왕의 자
　문에 응하는 일을 맡아보던 관청.

106 天安(천안): 충청남도 동북단에 있는 지명.

107 弘濟院(홍제원): 조선시대 국영 여관. 서울~義州街路에 설치했던 것으로, 원명은
　洪濟院이라고 했으며, 지금의 서대문구 홍제동에 있었다. 이 여관은 중국의 사신들
　이 서울 성안에 들어오기 전에 임시로 묵던 公館으로서 1895년까지 건물이 남아 있
　었다.

云云。吉三峯假稱是遣[108], 汝立爲首的實是如爲置[109], 以窮凶極
惡[110]之人, 自知罪不容於覆載[111]之間, 拿命聞奇, 邊泗同時逃躱,
且刺[112]及其黨, 一處刎死滅口[113]爲臥乎事[114]。

　　傳曰:"鄭汝立謀叛大逆[115]之狀, 明著各人之招, 討賊之義, 無
間存沒, 依法處決事。下于禁府."

---

108 是遣(시견): '~이고'의 이두표기.

109 是如爲置(시여위치): '~이라고 하오'의 이두표기.

110 窮凶極惡(궁흉극악): 極惡無道. 몹시 흉측하고 독살스러움.

111 覆載(복재): 하늘이 만물을 덮고 땅이 만물을 받쳐 실었다는 뜻으로, 하늘과 땅을
　　이르는 말.

112 刺(척): 정탐함.

113 滅口(멸구): 비밀이 드러나지 않게 하려고 죽임.

114 爲臥乎事(위와호사): '~하고자 하는 바는'의 이두표기.

115 謀叛大逆(모반대역): 謀는 十惡의 첫 번째 죄로서 나라와 임금을 저버리고 賊國을
　　따르는 것이고, 大逆은 임금이나 아버지를 죽이고 종묘와 임금의 陵을 파헤치는 것.

만력 기축년 11월
萬曆己丑十一月

11월 11일.

나는 특명으로 당상관(堂上官)에 승진하여 실직(實職)을 제수받고, 또 교서(教書)를 하사하였으니 지제교(知製教) 백유함(白惟咸)이 지어 올린 것이다.(협주: 교서는 유실되었다.)

정병(正兵) 박장손(朴長孫)은 포상으로 사과(司果)에 임명되었고, 이희수(李希壽)는 사용(司勇)에 임명되었다.

十一日。

特命陞堂上[1], 除實職[2], 且賜教書, 知製教[3]白惟咸[4]製進(教書

---

1 堂上(당상): 堂上官. 조선시대 朝議를 행할 때 堂上에 있는 交椅에 앉을 수 있는 官階 또는 그 관원. 동반은 정3품의 通政大夫 이상, 서반은 折衝將軍 이상, 종친은 明善大夫 이상, 儀賓은 奉順大夫 이상의 품계를 가진 사람이다.

2 實職(실직): 실제로 근무하는 자리가 있는 관직.

3 知製教(지제교): 조선시대 왕에게 교서 등을 기초하여 바치는 일을 담당한 관직.

4 白惟咸(백유함, 1546~1618): 본관은 水原, 자는 仲說. 1570년에 진사가 되고, 1576년 식년문과에 급제하여 承文院注書에 등용되고, 正字·박사·부수찬·지제교를 거쳐 1583년 吏曹正郎에 올랐다. 李珥가 죽고 조정에 당쟁이 심해지자, 사직하고 龍安(龍仁)으로 내려가 후진양성에 힘썼다. 1589년 鄭汝立의 모반사건이 평정되자 복직하여 예조정랑이 되었고 이조정랑을 거쳐 檢詳·舍人이 되었다. 1591년 왕세자 책봉

逸)。

　正兵⁵朴長孫, 賞授司果⁶, 李希壽司勇⁷。

11월 13일。

　동지(冬至)이다. 경기전(慶基殿)의 제관(祭官)으로서 가 제례(祭禮)에 참례한 뒤 옹취당(擁翠堂)에 다 같이 모였는데, 부윤(府尹: 전주부윤 윤자신)의 관부(館夫: 관사 하인)가 와서 말했다.

　"금오랑(金吾郞: 의금부도사)이 관사(館舍)에 들르셨습니다."

　부윤이 도사(都事)의 성씨는 어느 성씨이고 이름은 무엇인지를 서리(書吏)에게 알아본 뒤에 와서 보고하라 하니, 잠시 뒤에 와서 신경희(申景禧)라고 보고하였다.

　부윤이 말했다.

　"누가 그를 아십니까? 조정과 근래에 통하지 못하니, 간절히 알고 싶소이다."

　내가 말했다.

문제로 鄭澈 등 서인이 몰락하자, 경흥에 유배되었으나 임진왜란으로 풀려나와 선조를 의주로 호종하고 명나라의 군량 조달을 맡았다. 정유재란 때 明使 丁應泰와 일본과의 화의를 의논하다 李爾瞻의 탄핵으로 부안에 유배되었다.

5　正兵(정병): 조선시대 육군의 중심 병력으로서 일반 양인농민으로 이루어진 兵種.

6　司果(사과): 조선시대 五衛에 두었던 正6品의 軍職.

7　司勇(사용): 조선시대 五衛에 두었던 正9品의 軍職.

"제가 그를 압니다."

부윤이 가서 만나도록 하여 내가 옹취당(擁翠堂)의 문을 나섰다. 신경희(申景禧)가 자운루(紫雲樓)에 있다가 손을 흔들어 손짓하였다. 내가 자운루에 오르니, 신경희가 장난삼아 나의 쥐가죽 관모(官帽)와 귀마개 모피를 집어 들고 말했다.

"당상관이 이러한 것들을 머리에 쓰나이까?"

내가 말했다.

"미치광이의 옛 버릇 그대로라서 그러하나이다."

신경희가 말했다.

"제가 어찌 감히 희롱하겠나이까? 그저께의 정사(政事: 관리들의 임면)에서 당상관의 자급(資級: 품계)을 더하도록 임금의 재가가 비로소 내려졌나이다."

내가 그에게 지금 나포하려는 사람이 누구인지 묻자, 신경희가 주머니 속에서 편지를 꺼내었는데, 이에 전(前) 홍주 목사(洪州牧使) 류덕수(柳德粹)를 나포하라고 명한 것이어서 즉시 부윤에게 보고하였다.

잠시 뒤에 또 관인(館人: 관사 하인)이 와서 말하기를, 이조(吏曹)의 아전이 조보(朝報)를 가지고 감사가 있는 곳으로 갔다고 하자, 부윤이 그 조보를 가져 오도록 하였다. 그 조보에는 7일에 정여립(鄭汝立)을 나포하지 못한 도사(都事)·선전관(宣傳官)·수토관(守土官: 수령)을 잡아들이라고 명하는 말이 있었는데, 익산 군수(益山郡守) 김영남(金穎男)이 바로 그날의 수토관이었다. 내가 부윤에게 고했다.

"익산 군수를 응당 붙잡아야 하나 출동한 날을 감안하면 지금쯤 익산군(益山郡)에 당도하였을 것이지만, 그의 어머니를 매우 놀라게 할까 염려되니 큰 술잔[大白]으로 세 잔을 가득 부어 놓고 관아로 돌아오도록 재촉하여 곧 마신 뒤에 달려가도록 하소서."

13일, 조정에서 연 법주(衍法主: 義衍)의 신분을 판별하고자 일전에 가두어 둔 죽도서당(竹島書堂)의 승려 지영(志永) 등을 포승줄로 옭아매어서 올려 보내라는 유지(有旨: 왕명서)가 내려왔는데, 감사가 나에게 관아(官衙: 진안현)로 돌아가 포승줄로 옭아매어 보내고 사장(社長)은 풀어줄 것을 명하였다. 나는 즉시 밤새도록 관아로 돌아와서 지영 등을 포승줄로 옭아매어 감영(監營)에 보냈는데, 그들을 경성의 궁궐에 올려 보냈지만 판별한 후 모두 풀어놓아주었다.

10여 일 후에 감사가 공문서를 나에게 보내어 말했다.

「지영(志永)의 이름이 반적들의 입에서 여러 번 나왔으니 잡아들이지 않을 수 없다. 금오랑(金吾郎: 의금부도사)이 방금 감영에 내려와 머무르고 있는데 지금 해현(該縣: 진안현)으로 들여보내려 하니, 군(君)은 반드시 죄인을 정탐하여 뒤쫓아서 체포하라.」

나는 서찰로 대답하여 말했다.

「산골짜기의 우매한 중이 잠깐 관부(官府: 관청)에 들어갔는데도 오히려 겁먹고 현혹되었는데, 하물며 대궐에 나아가 군주의 위엄에 겁을 먹고 두려워했음에야 말해 무엇 하겠습니까? 이미 석방된 후에는 마치 새가 새장을 빠져나가고, 게가 물속으로 숨어들어가듯 하였으니, 어찌 쉽게 붙잡을 수가 있겠습니까? 만일 의금부 도사가 진안현(鎭安縣)에 온다는 말을 듣고서 오히려 산에 들어가도 깊지 않을까, 숲에 들어가도 숲이 울창하지 않을까 걱정하여 그림자나 소리조차 드러나지 않게 한다면 끝내 붙잡을 수가 없을 것이옵니다. 우선 의금부 도사의 행차를 늦추고 나로 하여금 함정을 설치하고서 뒤를 밟도록 하면 아마도 사로잡을 수 있을 것입니다.」

감사가 이를 따라주었다. 내가 죽도(竹島) 인근에 사는 품관(品官) 한 사람과 관노(官奴) 중 꾀가 있는 자로 한 명을 정하여 방략(方略)을 일러주고 그들로 하여금 기미를 살피게 하였다.

금산군(錦山郡)에 구천두미(九千頭尾)라는 산이 있다. 산의 형세가 기이하고 빼어나 소와 말이 다닐 수 없을 정도였는데, 승도(僧徒)들이 거대한 사찰을 세우자 수행을 위해 조직을 결성한 승려가 항상 수백 명이었으며, 분주하게 승려들을 공양하는 사람들이 그 배나 되었다. 부상(富商: 밑천이 넉넉한 상인)과 전호(佃戶: 소작인) 가운데 불가에 복을 비는 자들이 짐바리에 온갖 물건들을 싣고 와서 산 아래에 풀어놓으면, 등에 짊어지고 사찰로 옮기는 자들이 하루에 수십 명 이하는 아니었다. 조정에서는 연 법주(衍法主: 義衍)가 이 사찰에 숨었을 것으로 염려하고 감사(監司: 李洸)에게 수색하여 그를 체포하도록 명하였다. 이에 감사는 금산 군수(錦山郡守)와 진산 군수(珍山郡守) 두 사람으로 하여금 북쪽 길을 거쳐 군사를 거느리고 들어가도록 하고, 용담 현령(龍潭縣令)과 진안 현감(鎭安縣監) 두 사람으로 하여금 남쪽 길을 따라 병사들을 거느리고 나아가도록 했는데, 약속기일에 모여 사찰에 가서 수색하였으나 찾지 못했다. 다만 민 화주(敏化主)만을 포박하여 감사에게 보내고 돌아오다가 용담(龍潭)에서 묵었다.

진안현(鎭安縣)으로 돌아오는 길에 지영(志永)을 기찰하도록 미리 정해두었던 관노(官奴)를 만났는데, 지영의 상좌(上佐: 제자)를 포획하여 마수리(馬首里)에 보내어졌다가 관아의 뜰로 송치되었다고 하였다. 그의 스승이 있는 곳을 캐어물으니 처음에는 숨기고 자백하기를 꺼렸는데, 큰칼을 씌워 억압하고는 큰 곤장으로 어지러이 쳤다가 그치면서 달래어 대답하게 하니, 이에 그의 스승이 추줄산(崷崒山)의 심원사(深源寺)에 있다고 하였다. 즉시 군사들의 입에 재갈을 물리도록 하여 거느리고서 찾아갔지만 지영은 있지 않았고, 두서너 명의 승을 잡다가 몽둥이로 마구 때리며 끝까지 캐어물었으나 지영이 있는 곳을 말하지 않았다. 곁에 동자승 한 명이 있는데 나이가 겨우 15,6세쯤 되어 보이는 자가 와서 구경하고 있는지라, 즉시 잡아끌어다 형장(刑場)에서 발바닥을 한 번 곤장 치도록 하니, 곧바로 지영(志永)이 과연 서문암(西門菴)에 있다고 말하였다. 급히 가서 서문암을 에워쌌는데, 승방(僧房)이 세 칸이었으나 문은 단지 하나뿐인지라 군교(軍校) 4명으로 하여금 양편을 지키도록 서있게 하고서 호령하였다.

"방 안에 있는 중들은 모조리 나오너라."

중 한 명이 나왔는데 지영이 아니었다. 또 한 명이 나왔는데 역시 지영이 아니었다. 또 한 명이 나왔는데 바로 지영(志永)이었다. 그를 포승줄로 옭아매어서 감사의 임소(任所)로 보내니 의금부도사가 즉시 압송해 갔는데, 두 차례 신문을 받고 곤장을 맞아서 죽었다.

연 법주(衍法主: 義衍)가 도주하여 숨어버려서 오래도록 나포하지 못했는데, 본도(本道: 전라도)의 승려인 행사(幸師)가 끝까지 뒤를 밟아서 쫓아가 김제(金堤)의 토굴 속에 숨어있는 것을 알아내어 연 법주를 잡아서 법률에 따라 관아에 고하니, 포상으로 행사에게 사과(司果)라는 벼슬을 내렸다.

정여립(鄭汝立)은 늘 그의 본처를 박대하여 입을 것과 먹을 것을 주지 않았는데, 혹여 거스르는 말이라도 있으면 문지방에 앉히고 땔나무로 마구 때렸다. 정여립이 도주하기에 이르자, 먼저 그의 본처가 전주(全州)에서 붙잡혔는데 중의(中衣: 속바지)까지 벗기니 한 기녀가 보고서 애처로워 자신이 입고 있던 중의를 벗어 입혀주자,

이를 본 사람들은 비통해하였다.

전주(全州)의 생원 김경지(金敬止)와 이인경(李麟慶)은 곧 정여립(鄭
汝立)의 매부들이다.(협주: 모두 나와 같은 해에 과거에 급제하였다.) 김경
지는 평소 정여립의 사람됨을 싫어하여 상종하지 않았는데, 치효
부(鴟梟賦)를 지어서 풍자하였고 또 단가(短歌)를 지어서 말했다.

"얼굴은 연지와 분을 바른 것 같고 몸은 비단을 걸쳐서 겉모습으
로 보면 곱지만 오묘하게도 남의 집 수저를 훔치는 도적이었는데,
나는 먼저 알았다."

또 말했다.

"나무를 깎아 나한(羅漢: 부처의 제자)을 만들고 풀단을 묶어 뱃속
을 채웠거늘 그 도깨비의 형상을 뚫어지게 보고도 무지한 승려와
사장(社長)의 무리들은 알지 못하고 공연히 염불과 향 때문에 번뇌
한다."

그 기롱하는 것이 지극했다.

두 딸을 낳았지만, 그의 아내는 이미 죽었다. 옥사(獄事: 기축옥
사)가 일어났을 때 체포되어 갇혀 있다가 국문을 당했는데, 치효부
(鴟梟賦)를 짓고 단가(短歌)를 지은 이유를 진술하고 또 의절했음을
고하자 풀려나 돌아왔다. 그 후에 전주 부윤(全州府尹: 윤자신)은 김
경지(金敬止)의 두 딸이 정여립의 친당(親黨: 패거리)인 것을 듣고서
모두 적몰하여 관비(官婢)로 삼으려는데 자매가 치마끈으로 목매

어 죽은 사실의 장계(狀啓)를 주상께 아뢰었다. 이에, 주상이 말씀
하셨다.

"이전에 김경지(金敬止)를 나포하여 국문할 때에 의절하였다고
대답하였는데, 지금 그의 두 딸이 같은 날에 죽었으니 이전의 김경
지 말은 거짓이로다. 반적과 함께 서로 모의하고도 굳게 숨긴 것인
지를 어찌 알겠느냐? 다시 잡아다가 추국(推鞫)하라."

김경지는 형장(刑杖)으로 때리는 신문을 받았는데 자복하지 않다
가 죽었다.

이인경(李麟慶)은 평소에 정여립(鄭汝立)에게 아첨하고 그를 섬겨
성현(聖賢)으로 지칭하였는데, 세력을 믿고 위세를 부려 동향 사람
들을 업신여기고서 백성들의 토지를 마구 빼앗았다. 기축옥사가
일어나 범행이 밝혀져 죄목이 결정되자, 다섯 아들과 함께 머리를
나란히 하고 죽음을 당하였다. 김경지와 이인경이 모두 천벌을 면
치 못했지만 경중에서는 차이가 있다.

박희효(朴希孝)란 자는 전주(全州) 성내(城內)에 사는 사인(士人)이
다. 모습이 단정하고 수려하였으며, 사부(詞賦)를 잘 짓고 시 읊기
를 좋아한데다 또 글씨와 문장에 뛰어났다. 내가 지난번 전주에
있을 때 자주 서로 이야기를 나누었는데, 정여립을 꾸짖어 배척하
는데 이르지 못하는 것이 없었다. 심지어 "과거 문체의 병통을 알
려면 선생이나 어른에게 널리 질문하여야 하지만, 일찍이 한 편의

글도 그렇게 한 적이 없고 정 수찬(鄭修撰: 정여립)에게 시험 보았
다."고 하였으니, 그 배척하는 것이 심하였다. 역적의 무리 중에
'박희효(朴希孝)가 역적과 도타웠다.'고 말하는 자가 있어, 박희효를
즉시 잡아다가 엄히 국문하였는데 끝내 곤장을 맞고 죽었다. 그러
나 사실은 박희효와 성명이 똑같은 자가 고을 밖에 살고 있으면서
정여립(鄭汝立)의 문하에 드나들어 가장 도타운 사이가 되었다. 그
런데 이 박희효는 이름이 세상에 알려지지 않았고 전주(全州) 성내
의 사인(士人) 박희효는 이름이 세상에 알려져 있었기 때문에, 뜻하
지 않게 이러한 재앙을 당한 것이다. 기축옥사를 다스릴 때에 이와
같은 부류가 어찌 끝이 있었겠는가. 곤강(崑岡: 崑崙山)에 불길이 번
지면 옥석이 모두 탈 것은 명약관화하리라.

十三日。

冬至也。以慶基殿祭官[8]往參後, 齊會于擁翠堂[9]。府尹館夫來
言曰: "金吾郎入館矣." 府尹言都事姓某名誰, 探於書吏[10]而來
報, 俄來言申景禧[11]也。府尹曰: "誰知之? 朝著[12]近阻, 切欲知

---

8 祭官(제관): 제례를 주관하는 사람. 慶基殿의 祭禮는 설날, 한식, 단오, 추석, 동지,
   臘日 등 1년에 6번 거행되었다.

9 擁翠堂(옹취당): 전라북도 전주에 있는 정자. 1534년 冬至使로 명나라에 사행을 다
   녀왔으며 예조판서, 공조판서 등 고위직을 두루 역임하고, 당대의 문호로 평가받은
   湖陰 鄭士龍(1491~1570)이 생애 만년에 退休處로 지어 지냈던 곳이다.

10 書吏(서리): 조선시대 京衙前의 하급 관리. 본래의 소속은 의정부와 중추부였으나
   동반의 각 관사에는 의정부가, 서반의 각 관사에는 중추부가 이들을 나누어 배속시
   켰으므로 근무하는 관아는 다양하였다.

之." 余曰: "生知之." 府尹使往訪, 余出堂門. 申也在紫雲樓, 揮手招之. 余上樓, 則申戲拈鼠皮官帽耳掩毛曰: "堂上官戴此乎?" 余曰: "狂奴故態[13]乃爾." 申曰: "余何敢戲? 再昨政[14], 始下批[15]加堂上資矣." 余問今欲拿者何人? 申出囊中片紙[16], 乃命拿前洪州牧使柳德粹[17]者也, 卽報于府尹. 俄又館人來言吏曹吏持

11　申景禧(신경희, 1561~1615): 본관은 平山, 자는 彦緩. 아버지는 申礦이며, 都巡邊使 申砬의 조카이다. 1588년 蔭補로 임관되었다. 이듬해 鄭汝立의 옥사가 일어나자 그 일당인 宣弘福을 붙잡은 공로로 6품직에 발탁되어 1591년 濟用監主簿가 되었다. 1593년 고산현감으로 도원수 權慄의 휘하에 종군하여 공을 세우고 같은 해 행주산성의 大捷報를 제일 먼저 왕에게 보고하였으며, 면천군수와 중화부사 등을 역임하였다. 1605년 재령군수로 재직 중 순변사 李鎰의 종사관 尹暹을 사칭하며 도당을 모아 횡행하던 尹世沈을 붙잡아 중앙에 보고할 때 공명심으로 狀啓를 날조한 사실이 발각되어 삭직되고 門外黜送의 처벌을 받았다.

12　朝著(조저): 임금과 신하들이 모여 나라의 정치를 의논하고 집행하는 곳.

13　狂奴故態(광노고태): 광노는 미친놈이란 뜻으로, 嚴光의 放達不羈한 태도를 말함. 漢의 高士 嚴光에게 司徒 侯霸가 侯子道를 보내 초청하였는데, 엄광이 후패를 매도하면서 입으로 간단히 대답하자 후자도가 보고할 말이 별로 없는 것을 혐의하여 몇 마디만 더 해 달라고 요청하니, 엄광이 "채소를 사면서 더 달라고 떼쓰는 격이다.(買菜乎, 求益也.)"라고 핀잔을 주었다. 후패가 이 사연을 적어서 光武帝에게 보고하니, 광무제가 웃으면서 "미친 작자의 옛날 하던 버릇 그대로이다.(狂奴故態也.)"라고 했다는 고사에서 나오는 말이다.

14　정(政): 政事. 벼슬아치의 任免과 黜陟에 관한 일.

15　下批(하비): 인사 임용에 관한 임금의 재가.

16　片紙(편지): 종이에 안부나 소식을 간단하게 적어 보내는 서신. 종이가 없던 시대에 대쪽이나 글씨를 써 보냈기에 옛날에는 書簡이나 簡札이라고 한 데서 나온 말이다.

17　柳德粹(류덕수, ?~1591): 본관은 文化, 자는 仲精. 1560년 별시문과에 급제하고 成均館生員을 거쳐 司憲府掌令을 역임하였다. 1575년 醴泉郡守로 부임하여 군내 유생들의 건의를 받아들여 鼎山書院 터를 닦았으나 완공하지는 못하고 물러났다. 1580년에 정언으로 있을 때 얼음 공급의 태만을 엄히 단속하기를 청하였고, 강화 부사 金鎭의 과오를 아뢰었다. 1589년 鄭汝立과 내통한 혐의로 宣弘福이 형벌을 받다 죽었다.

朝報[18]往監司所, 府尹令取朝報來。其中有七日汝立失捕, 都事·宣傳官·守土官[19]命拿之語, 而益山郡守金穎男[20], 乃其日守土官也。余告于府尹曰: "益山應拿, 而以發日計之, 今當到郡, 恐驚動其母夫人, 請浮三大白[21], 促令還官, 乃飮而馳去."

　十三日, 朝廷欲辨衍法主, 前囚竹島書堂僧志永等, 械繫[22]上送事有旨, 監司令余還官, 械繫以送, 社長則放送云。余卽達夜還官, 繫械志永等, 送于監營, 上送于京庭, 辨後幷放送。

　後十餘日, 監司移書于余曰:「志永屢出賊口, 不可不捕。金吾

이 공초를 담당하던 檢閱 李震吉이 善山府使였던 류덕수의 집에서 讖書를 발견하였다 하여 류덕수를 국문하였는데, 국문 중에 결국 사망하였다.

18 朝報(조보): 조선시대에 승정원의 발표사항을 필사해서 배포하던 전근대적인 관보 겸 신문형태.

19 守土官(수토관): 外方을 지키는 관원.

20 金穎男(김영남, 1547~1617): 본관은 光州, 자는 仲悟, 호는 掃雪. 1572년 별시문과에 급제하여 1589년 익산군수에 임명되었고 1592년 경상우도 도사를 거쳐 진양군수로 있을 때 임진왜란이 일어나자 東江의 왜적을 방어하는 한편 수천 석의 군량미를 한양으로 운반하였다. 이듬해 경상우도 감사 金誠一과 경상우도 병사 金沔이 모두 왜적과의 싸움에서 전사하자 中尉將으로서 무리를 통솔하였다. 1596년 그 공을 인정받아 당상관으로 승격되어 수원도호부사가 되었고 이듬해 장예원 판결사가 되었다. 그 후 여주목사, 백천군수를 역임하였다. 1604년 죽산부사가 되었고 이듬해 형조참의를 지내다가 황해도 관찰사에 임명되었으나 반대파의 방해로 부임치 않고 사직소를 올렸다. 1606년 경주부윤을 거쳐 공조참의가 되었다.

21 大白(대백): 큰 술잔. 浮白은 전국시대 魏文侯가 일찍이 대부들과 술을 마실 적에 公乘不仁에게 酒法을 시행하게 하면서 이르기를 "술잔을 단번에 다 마시지 않은 사람에게는 큰 술잔으로 벌주를 내리라.(飮不釂者, 浮以大白.)"고 한 데서 온 말인데, 전하여 술을 호쾌하게 마시는 데에 비유한다.

22 械繫(계계): 수갑이나 포승줄로 죄수를 옭아매어 꼼짝 못하게 함.

郎方來住營下, 今將入送于該縣, 君必跟捕[23].」余以書答曰:「山
谷愚僧, 乍入官府, 猶自惶惑, 況就大庭, 怵惕天威? 旣釋之後,
如鳥脫樊, 如蟹入水, 豈能容易捉得? 如聞禁都[24]來縣, 猶恐入山
之不深, 入林之不密, 昧昧其影響[25], 則終不得以捕矣. 姑緩都
事之行, 令余設機跟尋. 庶或有獲矣.」監司從之. 余定近竹島
居品官一人, 官奴之有計慮者一名, 指授方略, 使之譏察.

錦山郡[26]有山, 曰九千頭尾. 山形奇勝, 牛馬不通, 僧徒創立
巨刹, 入定[27]結社[28]之僧, 常數百髡, 奔走供億[29]者倍之. 富商佃
戶[30]之佞佛[31]者, 駄載百物, 卸於山下, 擔負而轉輸於寺者, 日不
下數十. 朝廷慮衍法主隱於此寺, 命監司搜捕. 監司令錦山·珍
山兩郡守, 由北路率軍以入, 令龍潭·鎭安二縣倅, 從南路領兵
以進, 期會而往, 搜索不得. 只縛敏化主, 以送于監司, 回宿于

23 跟捕(근포): 죄인을 정탐하고 수사하여 체포함.
24 禁都(금도): 義禁府都事의 준말.
25 恐入山之不深, 入林之不密, 昧昧其影響(공입산지불심, 입림지불밀, 매매기영향): 韓
   愈가 賈耽과 盧邁에게 올린 〈上宰相書〉에 "저들은 산에 들어가도 깊지 않을까 걱정
   하고 숲에 들어가도 깊지 않을까 걱정하여 그 영향을 어둡게 하고 오직 남들에게
   소문이 날까 걱정합니다.(彼惟恐入山之不深, 入林之不密, 其影響昧昧, 惟恐聞於人
   也.)"라고 한 데서 나오는 말.
26 錦山郡(금산군): 충청남도 남동부에 있는 군.
27 入定(입정): 參禪. 수행하려고 방안에 들어앉음.
28 結社(결사): 뜻이 같은 사람들이 공통의 목적을 이루기 위해 모여 단체를 만듦.
29 供億(공억): 음식물을 준비하여 접대하는 것.
30 佃戶(전호): 남의 땅을 빌려 농사를 짓고 땅값을 치르던 농민.
31 佞佛(영불): 부처에게 아첨함. 불교에 귀의하여 자신의 복을 비는 일을 이른다.

龍潭。還縣, 路逢前定官奴, 捕得志永上佐[32], 獻於馬首[33], 拿致
官庭。詰其師之所在, 初諱不肯首, 壓以巨枷, 進散大杖, 卽解
以誘之, 迺云其師在崷崒山[34]深源寺[35]。卽率軍銜枚[36]以進, 則志
永不在矣, 捉致二三僧, 亂杖窮詰, 不言所在。傍有一髡, 年才
十五六者來觀光, 卽令捽致[37], 打下[38]足掌一棍, 則旋言志永果在
西門菴云。急往圍菴, 僧房三間而只一戶, 使軍校四人, 挾兩傍
而立, 令曰: "房內所在僧盡出。" 一僧出, 非也。又一僧出, 亦非
也。又一僧出, 乃志永也。械繫送于監司所, 禁都卽押去, 訊問
二次, 殞于杖下。

　衍法主逃躱, 久未就捕, 本道僧幸師, 終始追尋, 知隱於金堤
土窟中, 捕告[39]依律, 賞幸師以司果。

　汝立常薄其正妻, 不與衣食, 或有違言, 坐之門限, 以燒木亂
打。及汝立之逃也, 先拿其妻于全州, 脫其中衣, 有一妓見而哀
之。脫所着中衣而衣之, 見者爲之慘然。

32　上佐(상좌): 스승의 대를 이를 여러 제자 중에서 가장 뛰어난 제자.

33　馬首(마수): 馬首里. 충청남도 금산군 금성면에 있는 마을.

34　崷崒山(추줄산): 원문에는 𤈷崒山으로 되어 있음. 전라북도 진안군에 있는 산으로
　　雲長山이라고도 한다.

35　深源寺(심원사): 전라북도 진안군 정천면 봉학리에 있는 사찰.

36　銜枚(함매): 행군할 때에 군사의 입에 떠들지 못하도록 하무를 물리는 일.

37　捽致(졸치): 머리채를 움켜잡아 끌어옴.

38　打下(타하): 打下處. 형장을 때리는 곳.

39　捕告(포고): 범인을 잡아서 관가에 고함.

全州生員金敬止[40]·李麟慶[41], 乃汝立妹夫也。(皆與余同年參榜[42]) 金則素惡汝立爲人, 不爲相從, 作鴟梟[43]賦以刺之, 又作短歌曰: "顔面(缺)脂粉, 身體匹段帛, 自外觀之妍, 妙然人家匙箸賊, 而我則先識." 又曰: "刻木爲羅漢, 束草充腹臟, 諦視魑魅樣, 無知頭陀[44]祉長輩, 空結念佛香." 其譏之也至矣。生二女而其妻已亡。及獄起, 逮繫[45]鞫問, 供以作賦作歌之由, 且告義絶[46], 見放而還。其後全尹, 以敬止兩女, 聞汝立親黨, 將盡沒爲官婢, 兄弟以裙帶自縊之狀上聞。上曰: "前日拿問時, 以義絶對, 今二女同日死, 前言詐也。安知與賊相謀而固諱? 可更拿鞫." 杖訊不服而死。李則素諂事汝立, 指以聖賢, 怙勢作威, 凌侮同鄕, 漁奪[47]民田。及其獄成[48], 與五子駢首就戮。敬止與麟慶, 具不免於天刑, 而輕重則有間矣。

朴希孝者, 全州城內士人也。儀容端秀, 善詞賦, 喜吟詩, 又工筆札。余向在全州時, 頻與接談, 譏斥[49]汝立, 無所不至[50]。至

---

40 金敬止(김경지, 1547~?): 본관은 光山, 자는 子安. 1573년 식년시에 급제하였다.

41 李麟慶(이인경, 1547~?): 본관은 全州, 자는 善應. 1573년 식년시에 급제하였다.

42 參榜(참방): 국가에서 실시한 文武科와 生員進士科 등 과거 시험에 합격한 사람의 명단인 榜目에 자기 성명이 오름. 곧 과거에 합격했음을 의미한다.

43 鴟梟(치효): 올빼미. 간악한 사람을 뜻한다.

44 頭陀(두타): 속세의 번뇌를 끊고 청정하게 불도를 닦는 수행승.

45 逮繫(체계): 체포하여 구금함.

46 義絶(의절): 친구나 친척 사이의 정을 끊음.

47 漁奪(어탈): 백성의 물건을 마음대로 빼앗음.

48 獄成(옥성): 범행이 밝혀져 죄목이 결정됨.

曰"欲知科文病處, 廣質於先生長者, 而不曾以一片文字, 試於鄭
修撰."云, 其排擯也甚矣。賊黨有言'朴希孝與賊親厚'者, 卽拿
致嚴鞫, 竟殞杖下。其實與朴同姓名者居外村, 出入賊門, 最爲
親厚。此朴無名, 而士朴知名, 故橫罹[51]此禍。治獄之時, 如此
之類何限? 火炎崑岡, 玉石俱焚[52], 固也。

11월 23일.

벼슬아치의 임면에 관한 일이 있었는데, 예조참의(禮曹參議)에 제
수되었다.

二十三日。

政, 禮曹參議除授。

---

49 譏斥(기척): 허물이나 잘못을 꾸짖어 배척함.

50 無所不至(무소부지): 이르지 않는 곳이 없음. 못하는 짓이 없음.

51 橫罹(횡리): 뜻밖의 불행이나 재앙에 걸림.

52 火炎崑岡, 玉石俱焚(화염곤강, 옥석구분): 《書經》〈胤征〉의 "곤강에 화염이 치솟아
옥석이 모두 탄다.(火炎崑岡, 玉石俱焚.)"에서 나온 말. 곤강은 崑崙山을 가리킨다.

만력 기축년 12월
萬曆己丑十二月

12월 23일。

진안현(鎭安縣)을 떠났다.

二十三日。

離縣。

만력 경인년 1월
萬曆庚寅正月

1월 1일。

경성(京城: 한양)에 들어와 임금의 은혜에 감사하고 곧이어 사직소(辭職疏)를 올리니, 주상께서 비답(批答)을 내려 말했다.

"너의 충성과 용맹은 가상하니 사직하지 말라."

이어 전교(傳敎)하여 말했다.

"이 사직소 안에는 또한 추문(推問)해야 할 사람이 있으니 추국청(推鞫廳)에 내려 보내라."

그리고 초피(貂皮: 담비가죽)·사모(紗帽: 깁 모자)·이엄(耳掩: 귀마개)을 하사하며 사례(謝禮)하지 말라고 하교(下敎)하였다.

사직 상소문은 이러한 내용이 있었다. 무자년(1588) 가을, 용담현령(龍潭縣令) 홍진(洪進)과 함께 생진과(生進科)의 시관(試官)이 되어 무장(茂長: 고창)에서 초시(初試)를 시행하고 돌아오는 길에 홍진이 나에게 말했다.

"그대는 정대보(鄭大甫: 정여립)를 만나보지 않으려는가?"

이에 당연히 두루 만나보겠다고 대답했다. 홍진이 먼저 가고 나는 도중에 금구(金溝)의 진사 김극인(金克寅)을 종정원(從政院: 鍾鼎院의 오기)에서 만나서 그 뒤에 갔다. 잠시 후 동곡(銅谷)에 이르러 서로 읍례(揖禮)하고 앉았는데, 미처 날씨 인사도 하기 전에 정여립(鄭汝立)이 말했다.

"그대들이 오랫동안 임금에게 경서(經書)를 강론하는 자리에 있었으면서도 마음을 열고 이치를 밝히는 글을 강론하지 않았기 때문에 이와 같은 세상이라네."

비록 그의 말이 어떠한 일 때문에 나왔는지 알 수 없으나, 그 말의 실마리를 들어보면 사람을 등용하는 것 때문에 나온 듯하였다.

홍진(洪進)이 또 예서(禮書) 읽기를 권하니, 대답했다.

"나는 지금 막 《논어(論語)》를 읽고 있는데 만약 읽기를 마무리하면 의당 《근사록(近思錄)》을 읽어야 하리니, 어느 겨를에 예서에 미칠 수 있겠는가?"

이어 술잔을 들고서 말했다.

"나는 술 주량이 적지 않았는데, 일찍이 부모의 무덤 근처에 여막을 짓고 거처했을 때 그 나이가 아직 젊었는지라 눈보라에도 무덤 살피기를 폐하지 않아서 이에 담증(痰症)을 얻어 술을 마실 수가 없다."

때문에 국청(鞫廳)에서 홍진(洪進)을 나포하여 추문하도록 하니, 홍진은 갇혀서 고문당하며 조사를 받았지만 사실이 없는 일이라 즉시 풀려났다.

이언길(李彦吉)이 김제 군수(金堤郡守)로 있을 때 정여립(鄭汝立)의
황산(黃山) 집을 지어준 일로 나포되어 추문(推問)을 당했는데, 뒤에
전라 감사(全羅監司: 이광)에게 공문을 보내었고 그 실상을 알게 되
자 곤장을 맞고 죽었다.

고산 현감(高山縣監) 정사호(鄭賜湖)는 정여립을 조금도 용서함이
없었으니, 정여립이 정여회(鄭汝會: 정여립의 맏형)와의 소송에서 이
기려고 편지로 청하였지만 들어주지 않았고, 또 군사를 동원하여
황폐한 방죽을 틀어막아주기를 청하였지만 들어주지 않았다. 그의
의기와 절조는 가히 숭상할 만하다고들 하였다.

때마침 정여립의 갈건(葛巾)과 갈삼(葛衫)을 자랑삼아 입었다는
노래가 있었으니, 이는 이홍로(李弘老)를 가리킨 것이다. 남언경(南
彦經)은 비록 선비로 이름난 자였지만 또한 고개를 숙여 명령을 따
르며 정여립을 공경하여 섬겼다는 혐의를 면치 못했으니, 그 밖의
사람이야 또 무슨 말을 하겠는가. 가히 어리석음이 심하다고 할
만하다.

군기시(軍器寺) 앞에서 정여립의 시신을 꿇어앉히고 목을 벤 뒤
모든 관리들로 하여금 차례로 늘어서서 이를 보게 하였다. 또 전주
(全州) 사람인 전적(典籍) 이정란(李廷鸞)과 형조 좌랑(刑曹佐郎) 김빙

(金憑)으로 하여금 정여립(鄭汝立)이 맞는지 아닌지를 살펴보게 하였는데, 김빙이 시신을 어루만지면서 눈물을 흘리며 말했다.

"그대가 어찌하다가 이 지경에 이르렀는가?"

그리하여 김빙은 정여립과 친분이 도탑다는 이유로 붙잡혀서 장형(杖刑)을 받고 죽었다.

철물시장 다리 들머리에 정여립의 머리를 매달아놓았는데, 생원(生員) 남이공(南以恭)이 마침 말을 타고 지나다가 바로 말에서 내리고 말했다.

"어르신의 머리가 이곳에 있으니 말을 타고서 지나갈 수는 없다."

사인(士人) 한백겸(韓百謙)과 심경(沈憬)은 정여립의 시체가 있는 곳에 가서 곡한 뒤에 옷과 이부자리를 부조로 보내어 후하게 염(殮)하고 빈소를 차리도록 하였는데, 이러한 사실이 발각되어 철저히 심문을 당한 뒤 곤장을 맞고 귀양 갔다.

정여립은 활 쏘는 사람들이 황산(黃山)에 모일 때마다 술이 장차 반쯤 오르면 나가서 말하기를, "가까운 날에 조정에서 장차 나에게 많은 군사를 주어 토벌할 일이 있을 것인데 누가 능히 나를 따르겠는가?"고 하니, 김제(金堤)의 교생(校生) 최팽정(崔彭禎)이 곧바로 자리에서 맨 먼저 나와 무릎을 꿇고 말했다.

"제가 선생님을 따르겠습니다."

기축옥사가 일어나자 역적들의 공초(供招)에서 이 이야기가 나왔는데, 최팽정은 죄를 스스로 인정하고 법에 따라 처리되었다.

이진길(李震吉)은 정여립(鄭汝立)의 생질[五寸戚]이다. 일찍이 검열(檢閱)이 되어 모든 조정의 동정을 하나하나 적어 정여립에게 알려주었다. 또 천신(天神)에게 고하는 글을 지었는데, 선왕(先王)들의 실정(失政)과 천재지변을 두루 서술하였다. 지난날 정여립이 나에게 한강(漢江)의 용주(龍舟: 임금이 타는 배)가 떠내려갔는지 그렇지 않은지를 물었던 것은 또한 이 글에 이용하려 했던 것이다. 일이 발각되어 궁궐에서 국문(鞫問)을 받았으나 끝내 자복하지 않고 죽었다.

죽은 좌랑(佐郎) 이경중(李敬中)은 평소 이진길(李震吉)이 한림(翰林)으로서 입시(入侍)하는 것을 보고 그 자리의 많은 사람들에게 큰소리로 말했다.

"도성 안에 명문가의 자제들로 과거에 급제하고 재주가 뛰어난 자가 적지 않은데, 이와 같이 흉측하고 바르지 못한 사람을 어디에서 데려와 이 직임을 맡겼단 말이오?"

기축옥사가 일어나자 이 말을 주상에게 아뢴 사람이 있었다. 주상께서 특명으로 추증(追贈)하도록 하여 그의 선견지명을 포상하였다.

전라 도사(全羅都事) 조대중(曹大中)은 광주(光州) 사람이다. 정여립(鄭汝立)과 친분이 서로 도타웠다고 해서 연좌되어 붙잡혀 곤장을 맞으며 신문을 받았을 때, 당시의 위관(委官: 임시 재판장) 우의정 심수경(沈守慶)에게 절구시(絶句詩) 한 수를 지어 올렸다. 그 시의 3, 4구에, "저승에서 만일 비간(比干: 충신)을 만나 따라간다면, 외로운 신하는 미소를 머금고 모름지기 슬퍼하지 않을 것이네."라고 하였다. 심수경은 이를 난언(亂言: 헛소리)으로 여기고 주상에게 고하지 않았다. 어느 날 경연(經筵)의 자리에서 이 일이 언급되는 바람에, 심수경은 파직하고, 조대중의 무덤을 파헤쳐 부관참시(剖棺斬屍)하도록 명하였다.

전주 판관(全州判官) 황정택(黃廷擇)은 활과 화살을 정여립에게 만들어주었다는 이유로 곤장을 맞고 죽었다.

박문장(朴文長)과 김언린(金彦隣)은 안악(安岳: 황해도 고을) 사람이다. 정여립과 함께 역모를 꾸몄다가 사실이 발각되어 도망쳐 숨었다. 박문장(朴文長)은 횡성 현감(橫城縣監) 구효연(具孝淵)에게 체포되고, 김언린(金彦隣)은 충주 목사(忠州牧使) 이경린(李景麟)에게 잡혔는데, 모두 자복하여 법에 따라 처벌되었다. 구효연과 이경린은 모두 당상관의 품계에 올랐다.

김세겸(金世謙)은 신천(信川: 황해도 고을) 사람이다. 더구나 정여립
(鄭汝立)이 함께 역모를 꾸민 사람들 중 가장 심복이었다. 그가 나포
되어 궁궐에서 국문을 받았을 때 죄다 자복하고 감추지 않았으며,
또 말했다.

"희릉(禧陵: 중종의 계비)과 효릉(孝陵: 인종과 그 왕비)에 행차할 때
에 우리는 창릉동(昌陵洞) 어귀에 모여 장차 거사를 하려 했지만,
전라도 사람들이 미처 모두 모이지 못했기 때문에 거사를 하지 못
했소."

그는 법률에 따라 처벌되었다.

당초 주상이 금오랑(金吾郎: 의금부도사)과 선전관(宣傳官)으로 하
여금 수토관(守土官: 수령) 김영남(金穎男)과 함께 역적 집의 문서를
거두어 오도록 명하였다. 그때 정언지(鄭彦智) 등이 사사로이 금부
도사 및 선전관에게 부탁하여 자기 명의의 서찰들을 찾아내어 없애
도록 했던 까닭에 자기들의 서신은 한 조각도 남아있지 않다고 말
했던 것이다. 그 서신이 남아있는지 없는지를 주상이 하문하기에
이르렀을 때 우의정 정언신(鄭彦信)은 평소 편지를 주고받았다고 대
답했지만, 그의 형 정언지(鄭彦智)는 글자 한 자도 소식을 전한 적이
없었다고 대답했는데, 주상이 정언지의 서찰 수십 통을 직접 집어
보이며 말했다.

"이것들은 누구의 편지란 것이냐?"

정언지는 아무런 대답을 하지 못했다. 아마도 편지 끝에 '종로(宗老)'라 쓰거나 혹 '동곡(東谷)'이라 썼을 것인데, 이름자로 쓴 편지들이야 없애버렸지만 '종로'나 '동곡'은 처음부터 알지 못했기 때문에 없애버리지 못했던 것이다. 정언지 또한 자기의 성명을 없애고 그것을 숨기기를 바랬으나, 주상이 말했다.

"이와 같이 미욱하고 변변치 못한 사람이 어찌 삼사(三司)의 장관(長官)이 되었단 말이냐?"

이길(李洁)·이발(李潑) 형제의 편지도 또한 9장이나 있었다. 편지에는 "아무 관직에 등용하였으니, 이러한 조치는 전적으로 어리석은 것이다."고 하였는데, 이는 곧 정여립(鄭汝立)이 동곡(銅谷: 구리마을)에 있는 자신의 집에서 홍진(洪進)에게 말한 것이다. 또 편지에는 "지금 도(道)를 보는 것이 고명한 사람은 오직 존형(尊兄) 한 사람뿐이오."라고 했는데, 주상이 직접 이 편지를 들고 국청(鞫廳)의 여러 신하들에게 보이며 임금의 위엄이 매우 사납고 말문이 막혀서 소리를 내지 못하는 지경에 이르자, 모든 신하들은 떨면서 두려워하였다.

인정전(仁政殿)의 남쪽 행랑(行廊)에서 정언신(鄭彦信)을 정국(庭鞫)하는데, 국문(鞫問)에 참여한 여러 사람들은 모두 사약(死藥)을 내려야지 대신(大臣, 협주: 정언신은 그때 우의정이었다.)에게 형벌(刑罰)을 가하는 것은 옳지 않다고 했으나, 유독 정철(鄭澈, 협주: 우의정)만은 고집스레 의론에서 형신(刑訊: 정강이를 때리며 심문하던 형벌)을 청하여 논의가 일치되지 않고 한밤중까지 결정짓지 못하게 되자 그대로 주상에게 아뢰니, 주상이 정철의 의견에 따랐다. 사경(四更: 새벽 2시 전후)에서야 비로소 신문하여 곤장 13대를 내리치자, 정언신이 자복하겠다고 하여 금부도사가 나아가 심문하니 역적과 친교를 맺은 편지의 내용을 자복하였다고 한다. 다시 주상에게 아뢰자 반드시 역모에 관여하여 알고 있었는지를 추문(推問)하라고 하니, 또 곤장 17대를 더했는데도 자복하지 않았고 마침내 갑산(甲山)에 귀양보냈다.(협주: 송강은 신임 우의정이 되었다.)

정국(庭鞫)할 때, 주상이 별감(別監)으로 하여금 탕주(湯酒: 데운 술)를 마시도록 정언신에게 보내면서 또 전교(傳敎)하였다.

"역적을 토벌하는 일이 중대하여 추국(推鞫)하지 않을 수 없으니, 나의 마음인들 어찌 편안할 수 있겠느냐?"

별감이 술을 따라서 막 정언신으로 하여금 마시게 하려는데, 그의 형 정언지(鄭彦智)가 이를 마시려고 손을 내밀어 술잔을 끌어당기려는 즈음, 별감이 말했다.

"이 술은 주상께서 우의정에게 내리신 것이라서 영감이 마실 수 있는 것이 아니외다."

정언지(鄭彦智)가 부끄러워하며 그쳤다.

(협주: 살피건대, 정언신(鄭彦信)·정언지(鄭彦智)·홍종록(洪宗祿)·백유양

(白惟讓)·이발(李潑)·이길(李洁)·정창연(鄭昌衍) 등의 이름은 모두 정여립(鄭汝立)의 조카 정집(鄭緝)의 공초(供招)에서 나왔고, 또한 역적 정여립의 집에 있던 문서에서 나왔다. 여러 사람들은 모두 귀양 갔지만, 정창연은 풀려났다가 다시 나포되기에 이르렀다. 류성룡(柳成龍)이 위관(委官)이 되어 정언신(鄭彦信)·백유양(白惟讓)·이발(李潑)·이길(李洁)·조대중(曹大中)·류덕수(柳德粹)·정개청(鄭介淸) 등이 혹은 죄인의 공초에 연루되거나 혹은 상소에 연관되어 모두 죽었다.)

기축년(1589) 9월에 이길(李洁)이 남평(南平)에서 집안 식구들을 거느리고 경성(京城)으로 올라가는(협주: 이길이 이때 舍人으로서 부름을 받아 가는 길이었다.) 길에 일행이 금구현(金溝縣)에 도착하자, 현령(縣令) 김요명(金堯命)이 정여립(鄭汝立)에게 편지를 보내어 말했다.

"금일 이경연(李景淵: 이길의 字)이 우리 고을에 와서 묵으니, 공(公)은 와서 만나보지 않겠소?"

그러나 정여립은 병을 핑계하여 오지 않고 오히려 편지로 이길이 오기를 청하였다. 이길(李洁)이 가서 만나보고 이야기를 나누던 때, 정여립(鄭汝立)은 공공연히 모반의 일을 숨김없이 말하였다. 이길이 크게 놀라서 소맷자락 떨치고 떠났는데, 일행이 삼례(參禮)에 도착하자 생각했다.

'저자는 이미 역모의 말을 입 밖으로 뱉은 데다 내가 놀라서 일어나 왔는지라, 저자가 필시 나를 죽이러 쫓아올 것이다.'

그래서 곧장 밤낮 가리지 않고 이틀 길을 하루에 가서 은진(恩津)

에 도착했지만, 객관(客館)에 들어가지 않고 현감에게 청하여 호송할 군사를 얻어서 샛길을 따라 급히 경성을 향해 갔다. 정여립이 과연 역사(力士) 여러 명을 보내어 쳐 죽이려고 은진에 도착했지만, 이길이 지나간 지가 이미 오래되었다는 것을 듣고서는 이내 돌아섰다. 이길은 반역을 고하려고 계획했지만 마침 그의 형 이발(李潑)이 고향에 있으면서 미처 올라오지 못하여 올라오기를 고대하고 있을 즈음, 황해 감사(黃海監司) 한준(韓準)의 장계(狀啓)가 이미 올라갔다. 그때 이계(李啓)가 장성 현감(長城縣監)이었는데, 그의 아들 이정귀(李廷龜)가 부모를 찾아뵈러 남쪽으로 내려가다가 길에서 이길을 만났는데, 군사를 끼고 스스로를 호위하여 매우 급하게 북쪽으로 가는 모습이었다고 한다.(협주: 뒤에 梁千會의 상소로 인하여 옥에 갇혔다.)

정개청(鄭介淸)은 곡성(谷城) 사람이다. 신분이나 지체가 매우 현달한 것은 아니지만, 일찍 학문으로 명성을 얻었는데 그 조예가 얕은지 깊은지 아직 다 알려지지 않았으나 후생으로 학문을 좋아하는 자들이 많이 따르며 교유하였으며, 정여립(鄭汝立)과 친하기가 가장 도타웠다. 일찍 〈배절의론(排節義論)〉 한 편을 지었는데, 그 안에 "'충신은 두 임금을 섬기지 않고 열녀는 두 지아비를 맞지 않는다.'라고 한 것은 왕촉(王蠋)이 우연히 뱉은 말이지 성인(聖人)의 통용적인 의론이 아니다. 이윤(伊尹)이 '누구를 섬긴들 임금이 아니며 누구를 부린들 백성이 아니랴.'고 한 것이 바로 성인의 통용된

의론이다."는 말이 있었다. 이때 사람들은 이 배절의론(排節義論)이 전적으로 정적(鄭賊: 정여립)을 위해 지어진 것이라 여겼다. 정개청 (鄭介淸)은 이 때문에 곤장을 맞고 죽었다. 나는 평소 정여립을 조선의 역적이요, 정개청을 만고의 역신(逆臣: 반역하는 신하)이라고 생각하였다. 대체로 그 주된 뜻은 천하 만세로 하여금 임금과 신하의 큰 윤리를 제거해 아침에는 수(隋)나라를 섬기고 저녁에는 당(唐)나라를 섬기도록 하여 옛날의 임금과 신하가 지금은 원수가 되도록 하려는 것이었으니, 당대의 사람들을 몰아다가 정여립에게 복종하고 섬기게 했으면서도 부끄러워하지 않고 후회하지 않는 것이다. 또 평소 자신의 부모와는 다른 고을에 살면서 찾아뵙지도 않자, 그를 꾸짖는 자가 있었는데 정개청이 웃으며 말했다.

"나는 참으로 효성이 지극하여 언제나 소리 없는 곳에서 듣는 듯하고 나타나기 전에 보는 듯하니 어찌 구차스럽게 오간단 말이오?"

아, 이것이 어찌 스스로도 속이고 남도 속이는 심한 경우가 아니겠는가? 진실로 이 말대로라면 정개청(鄭介淸)은 부모가 운명하기 이전에 그의 어버이와 서로 마주하지 않는 날이 없고, 설사 어버이가 운명한 이후에도 오히려 항상 눈앞에 있다고 여겨 반드시 상복을 입고 가슴을 치며 소리 내어 울지 않아도 된다는 것이다. 천하에 어찌 이와 같은 학문이 있을 것인가? 나는 이 말대로 행해진다면 천하의 자식 된 자가 모두 그들의 부모를 찾아뵙지 않고서도 스스로 효자로 여길까 두렵다. 절의를 배척하여 임금과 신하의 윤리를 폐하고, 아침저녁으로 문안하는 것을 하지 못하게 하여 어버이와 자식의 친함을 잊게 하니, 만약 선왕의 법으로 논한다면 틀림없이 난신적자(亂臣賊子)의 괴수였을 것이다. 그런데도 임진왜란 이후 한쪽 편의 사람들이 이발(李潑)·이길(李洁)을 구하고자 정개청(鄭介淸)을 아울러 언급하며 다음과 같이 말하기에 이르렀다.

"우연히 한 편의 배절의론(排節義論)을 지은 것으로 인해 몸이 형벌과 죽임을 당하여 누명을 쓰는데 이르렀지만, 이미 그 관직을 회복되었으니 또한 그 자손들을 녹용(錄用: 채용)해야 한다."

끝내 부자와 군신의 윤리가 이로부터 땅바닥을 깨끗이 쓸 듯 흔적도 없어져 마침내 구할 길이 없을까 두렵다. 이것이 어찌 국가에 있어서 하나의 조그마한 일이겠는가?(협주: 야사(野史)를 살펴보니, 정개청은 본디 승려였는데 사암(思菴: 朴淳)이 그의 재주를 아껴서 속세로 돌아오도록 하여 아들처럼 양육하였지만 사암이 죽은 뒤에 그를 배반하였다. 경인년(1590)에 이르러 옥사가 일어나자, 전라 감사(全羅監司) 홍여순(洪汝諄)이 정개청(鄭介淸)과 정여립(鄭汝立)이 산을 유람하였다는 이야기가 도내(道內)에 전파되고 있다며 장계하니, 대신(臺臣: 사헌부 관원)이 국문하기를 청하였고, 주상이 이를 허락하였다. 정개청이 공초(供招)에서 역적(逆賊: 정여립)과 상통한 일이 없다고 하니, 엄히 국문하여 실상을 캐내려했지만 곤장을 맞고 죽었다.)

소재(蘇齋) 노수신(盧守愼)이 영의정이었을 때, 주상이 경연의 자리에서 말했다.

"어진 재상을 천거하게 하는 일은 내가 크게 쓸 인재를 얻고자 함이니, 모름지기 천거토록 하오."

이에 노수신이 물러나면서 한 종이에 네 사람을 나란히 기록하여 올렸는데, 바로 이발(李潑), 이길(李洁), 정여립(鄭汝立), 백유양(白惟讓)이었다. 경인년(1590)의 옥사가 끝날 무렵, 주상이 우연히 문서를 열람하다가 노수신이 올린 글을 보게 되었다. 주상이 크게 의심하면서 노하였는데, 역적을 천거하였다 여기고 속히 관직을 삭탈하여 내쫓으니 얼마 되지 않아 죽었다. 노수신은 을사사화(乙巳士禍) 때의 명신(名臣)으로서 좋게 죽지 못했으니, 사람이 늘그막까지 절조를 지키는 것이 어찌 어려운 일이 아니겠는가?

내가 작년 10월 13일에 살인사건의 시체를 두 번째 검안하는 일로 장수현(長水縣)에 갔다가 객사(客舍)에서 묵었는데, 밤에 조정으로 입궐하는 꿈을 꾸었는데 우리나라의 조정이 아니라 바로 명나라의 조정이었다. 행랑채 위에는 교룡(蛟龍)이 수놓인 깃발이 펼쳐져 있었는데, 내가 깔고 그 깃발 위에 앉으니 수놓은 용이 살아서 활발히 움직여, 내가 두려워서 옮겨 앉으니 또한 그러하였으며, 여러 번 옮겨 앉았지만 시종 한결같았는지라, 나는 두려워하다가 곧 잠에서 깼다. 다음날 과연 역적의 괴수 정여립(鄭汝立) 및 변사(邊泗), 정옥남(鄭玉男), 박춘룡(朴春龍) 등 4명을 사로잡았으니, 또한 정말 꿈을 꾸는 사이에 그 조짐을 미리 본 것인가? 가히 기이하다고 할 만하다.

어느 날 경연(經筵) 중에 홍성민(洪聖民)이 임국로(任國老)가 옥사를 뒤집으려 했던 일을 언급하였다. 이때 김귀영(金貴榮)이 영사(領事: 경연 영사)로서 주상을 알현하고 모시고 있었는데, 또한 일찍이 국청(鞫廳)에 참여한 대신이었다. 주상이 그를 돌아보며 말했다.

"경(卿)은 국로가 옥사를 뒤집으려 했던 일을 들었소?"

김귀영이 대답하여 말했다.

"국로가 신(臣)이 앉은 자리의 왼쪽에 있었는데, 신(臣)의 왼쪽 귀가 먹어서 들을 수가 없었사옵니다."

이 말을 들은 사람은 그가 임국로를 두둔하고 비호하여 바른대로 대답하지 않는 것이라고 하여 비루하게 여겼다.

(협주: 살피건대, 정언신(鄭彦信)·백유양(白惟讓)·이길(李洁)은 모두 정여립(鄭汝立)과 친밀한 교분이 있어 주고받은 서찰들이 문서 속에 많이 있었다. 정언신은 정집(鄭緝)의 공초(供招)에서 처음으로 나왔고, 임국로(任國老)가 상소를 올려 또 정언신이 역적(逆賊: 정여립)을 옹호한 흔적이 있다고 논핵했기 때문에 국문을 받고 갑산(甲山)으로 귀양을 갔다. 아마도 송강(松江: 정철)이 극력 구하여 풀어준 것이었다. 전라 유생(全羅儒生) 양형(梁泂)이 또 상소에서 "정언신이 정국(庭鞫)을 받던 날에 고변한 자를 죽이려 했다는 말을 공공연히 방자하게 발설하였고, 이 말이 널리 퍼졌지만 조정에서 한 사람도 그것을 말하는 자가 없으니 이 또한 놀랄만한 일이다."고 하였다. 주상이 그 당시 동참했던 여러 신하들에게 물으니, 김귀영(金貴榮)은 귀가 먹어서 들을 수 없었다고 하였으며, 이산해(李山海)는 오래되어 기억할 수 없다고 하였으며, 유홍(俞泓)

과 홍성민(洪聖民)은 모두 그 말을 들었다고 하였다. 홍성민이 주상에게 아뢰어 말하기를, "정언신의 발언할 때에 신(臣)도 실은 반대하였고 이산해도 또한 안 된다고 하였습니다." 하였다. 주상이 전교(傳敎)하기를, "경(卿)은 이미 친히 유림의 상소를 보았지만, 정언신의 말은 틀림없이 인륜에 어긋나고 불순하도다." 하였다. 그리하여 정언신은 다시 국문을 받은 뒤 곤장을 맞고 죽었으며, 이발(李潑)과 이길 또한 역적의 공초에서 나와 곤장을 맞고 죽었다.)

박충간(朴忠侃)·이축(李軸)·한응인(韓應寅) 및 나를 도감(都監: 공신 도감) 당상관으로 삼고서, 공신으로 녹훈될 사람들의 명단을 마련하기 위하여 판교(判校) 조원(趙瑗)을 도청(都廳)으로 삼고, 김공휘(金公輝)·권성기(權成己)·신호(申浩)를 감조관(監造官)으로 삼아 태평관(太平館)에 관아를 개설하도록 명하였다.

一日。

入京謝恩, 仍上辭職疏, 上批曰: "爾忠勇可嘉, 勿辭." 仍傳曰: "此疏中, 亦有可推人, 下于推鞫廳[1]." 賜貂皮·紗帽·耳掩, 敎勿謝。疏中有戊子秋, 與龍潭縣令洪進[2]試生進, 初試[3]于茂長[4], 回

---

1 推鞫廳(추국청): 중죄인을 추국하기 위하여 임시로 설치한 청사.

2 洪進(홍진, 1541~1616): 본관은 南陽, 자는 希古, 호는 訒齋·退村. 1564년 사마시에 합격하고, 1570년 식년문과에 급제한 뒤, 정자가 되고 검열을 역임하였다. 1573년 弘文錄(홍문관의 제학이나 교리를 선발하기 위한 제1차 인사기록)에 올랐다. 다음해 홍문관박사가 되고 부수찬·정언을 거쳐, 1576년 헌납이 되었다. 하지만 너무 빠르게 승진했다고 引嫌(책임을 지고 스스로 사퇴함.)하였다. 그 뒤 1583년 용담현령으로 부임하였다. 그리고 1589년 응교 재직 중, 전염병이 만연하자 충청도에 파견되어 致祭하였다. 1592년 임진왜란이 일어나자 호군으로 御駕를 호종하였다. 그리고 좌부

路, 洪語余曰: "君不欲見鄭大甫⁵乎?" 答以當歷見。洪先往, 余
道逢金溝進士金克寅⁶于從政院⁷, 故後之。移時後至銅谷⁸, 相揖
而坐, 未及寒暄⁹, 汝立曰: "君等久在經幄¹⁰, 不敎以開心明理之
書, 故如此." 雖不知其言之爲某事而發, 聽其語緖, 則似爲用人
而發也。洪又勸以讀禮書, 答曰: "余方讀論語, 若卒業, 則當讀
近思錄。何暇及禮書乎?" 仍持酒杯曰: "余酒戶¹¹不窄, 曾於居
廬¹²時, 以其年尙少, 不廢風雪上塚¹³, 仍得痰証¹⁴, 不能飮."云。

승지에 오른 뒤 우승지·좌승지로 선조의 측근에서 보좌하였다. 이듬해 9월 還都에
앞서 "京中人의 賑恤에 전력을 다하라."는 特旨를 받고 한성판윤에 임명되었다. 환도
후 鹽鐵使를 겸임하면서, 경기·황해·충청·전라도 해변의 소금을 전국 각지에 보내
굶주린 백성들을 구제할 것을 진언하였다. 1594년 진휼사를 겸하면서는 겨울 동안
얼어 죽은 자가 나타날 것을 우려, 왜적이 소장했던 피복을 나누어 줄 것을 진언하였
다. 1595년 대사헌이 되고 藥房提調를 겸하였다. 이후 동지중추부사·지춘추관사 겸
이조판서·예조판서·우참찬·지중추부사 등을 역임하였다. 그러다가 1600년 왕비 懿
仁王后가 죽자 殯殿都監提調가 되었다. 이어 좌참찬·형조판서 등을 거쳐 1604년 판의
금부사가 되었다.

3 初試(초시): 과거의 맨 처음 시험. 지방과 서울에서 式年의 전해 가을에 본다.

4 茂長(무장): 전라북도 고창 지역의 옛 지명.

5 大甫(대보): 정여립의 자.

6 金克寅(김극인, 1560~?): 본관은 安東, 자는 汝明. 1582년 식년시에 급제하였다.

7 從政院(종정원): 鍾鼎院의 오기인 듯. 李肯翊의 《燃藜室記述》, 尹宣擧의 《混定編
   錄》, 安邦俊의 《隱峯全書》에서는 鍾鼎院으로 나오기 때문이다.

8 銅谷(동곡): 전라북도 김제군 금산면 동곡. 정여립이 살던 마을이다.

9 寒暄(한훤): 寒暄問. 날씨의 춥고 더움을 물어보는 것. 인사를 나누다는 뜻이다.

10 經幄(경악): 經筵. 조선시대 신하가 국왕에게 유학의 경서나 역사서를 강론하는 일
   이나 그를 행하는 자리를 일컬음.

11 酒戶(주호): 酒量.

12 居廬(거려): 상제가 무덤 가까이 지은 누추한 초막에서 머는 일.

故鞫廳¹⁵請拿推洪進, 洪被囚考訊, 無實狀, 卽放送。

李彦吉¹⁶爲金堤守時, 以營造¹⁷汝立黃山¹⁸家事拿推, 後行文¹⁹于全羅監司, 得其實狀, 死於杖下。

高山縣監鄭賜湖²⁰, 少不容貸²¹於汝立, 汝立簡請求勝鄭汝會²²訟, 不聽, 又請發軍防塞廢堤, 不發。其氣節可尙云。

---

13 上塚(상총): 省墓. 무덤을 살핌.

14 痰証(담증): 담이 몸 안에 머물러 생긴 병증.

15 鞫廳(국청): 조선시대 모반·대역·강상죄 등 중요범죄를 신문하기 위해 임시로 설치한 특별재판기구.

16 李彦吉(이언길, 1545~1589): 본관은 全義. 자는 君迪. 1579년 식년시에 급제하여 1586년 예조 좌랑으로 관직을 제수 받았다. 1588년 창경궁 明政殿에서 치러진 式年榜에서 형조좌랑으로서 謄錄官을 하였다. 1589년 김제군수로 있을 때, 還上穀 10여 석을 정여립에게 주었고, 목재를 가져다가 집을 지어 주었다는 이유로 죽음을 당했다.

17 營造(영조): 집을 지음.

18 黃山(황산): 전라북도 김제에 있는 지명.

19 行文(행문): 공문을 보냄.

20 鄭賜湖(정사호, 1553~1616): 본관은 光州, 자는 夢興, 호는 禾谷. 1573년 사마시에 합격하고 1577년 별시문과에 급제하였다. 1582년 注書로서 경망하다는 탄핵으로 파직되었다가 1586년 다시 호조좌랑에 등용되었으나 탐학하다는 죄로 또 파직 당했다. 1597년 안동부사가 되고 1599년 호조참의로 句管堂上을 겸직하고 이어 대사헌으로 謝恩使가 되어 명나라에 다녀온 뒤 이조참의·중추부동지사 등을 역임하였다. 1607년 황해도관찰사로 나갔고, 선조가 승하하자 이조참판으로 춘추관동지사가 되어 《선조실록》편찬에 참여하였다. 한성부우윤을 거쳐 1611년 대사헌·義禁府知事, 이듬해 평안도관찰사를 지내고 1612년 金直哉의 誣獄에 연루, 파직되었으나 혐의가 풀려 이듬해 경기도관찰사에 등용, 1614년 형조판서를 지냈다.

21 容貸(용대): 容恕. 지은 죄나 잘못한 일에 대하여 꾸짖거나 벌하지 아니하고 덮어 줌.

22 鄭汝會(정여회, 1534~?): 본관은 東萊, 자는 亨叔. 동생 鄭汝興, 鄭汝復, 鄭汝立 등을 두었다. 1567년 식년시에 급제하였다.

時有謗着汝立葛巾衫之謠, 蓋指李弘老²³也。南彦經²⁴雖以儒
爲名者, 亦未免俯首聽命, 敬事汝立, 則餘人又何說也? 可嘆之
甚矣。

跪斬²⁵汝立屍於軍器寺²⁶前, 令百官序立以視之。又使全州人
典籍²⁷李廷鸞²⁸, 刑曹佐郎金憑²⁹, 審視汝立眞僞, 憑撫屍垂淚曰:

---

23 李弘老(이홍로, 1560~1608): 본관은 延安, 자는 裕甫, 호는 板橋. 1579년 진사가
   되고, 1583년 정시문과에 장원으로 급제하여 함경도종사관, 충주목사, 경기도관찰
   사 등을 지냈으나 여러 번의 탄핵을 받고 유배되었는데, 1608년 柳永慶 등 소북의
   일파로 몰려 다시 제주에 유배되었고 사사 당하였다.

24 南彦經(남언경, 1528~1594): 본관은 宜寧, 자는 時甫, 호는 東岡. 1566년 曹植·李恒
   등과 함께 발탁되어 砥平縣監이 되었다. 1573년 양주목사가 되고, 이듬해 持平에
   임명되었으나 어머니의 병간호를 위해 그대로 머물 것을 요청하여 허락을 받았다.
   1575년 지평을 거쳐 장령이 되고, 이어서 집의를 거쳐 전주부윤이 되었으나, 1589년
   鄭汝立의 모반사건이 일어나자 사헌부의 탄핵을 받고 파직되었다. 1592년 다시 여주
   목사로 기용되었고, 이듬해 공조참의가 되었으나 李瑤와 함께 李滉을 비판하다가
   양명학을 숭상한다는 빌미로 탄핵을 받고 사직하여 楊根(지금의 경기도 양평군)에
   물러났다.

25 跪斬(궤참): 跽斬. 시신을 꿇어앉히고 목을 벰. 東晉의 王敦이 권세를 쥐고 반역을
   일으켰다가 실패하고 죽었는데, 동진 肅宗이 그의 무덤을 파고 시신을 꺼내 꿇어앉
   히고 목을 베었다는 고사가 있다.

26 軍器寺(군기시): 조선시대 병기의 제조 등을 관장한 관청.

27 典籍(전적): 조선시대 성균관의 정6품 관직.

28 李廷鸞(이정란, 1529~1600): 본관은 全義, 자는 文父. 鄭汝立의 흉패함을 미워하고,
   王莽과 曹操에 비유하였다. 그로 인해 1568년 증광문과에 급제하여 벼슬길에 나아갔
   지만, 당시 정여립이 요직에 앉아 극력히 방해하였다. 1589년 이윽고 정여립이
   모반하여 복주되면서 사람들은 그의 선견지명에 감복하였다고 한다. 1592년 임진왜
   란으로 왜군이 梨峙를 넘어 전라도로 침입하자 스스로 守城將이 되어 부민을 거느리
   고 전주성을 지켰는데, 군율을 엄히 하고 매일 순시를 하며 방비를 튼튼히 하였다.
   이로 말미암아 太常寺僉正에 제수되었다. 이어 군기시정을 거쳐 수원부사에 올랐고,
   공주목사가 되었으나, 행정능력이 부족하고, 진휼과 농정에 소홀하다고 하여 사헌

"汝何以至此?" 憑以親厚被繫, 受刑以死。

梟汝立首於鐵物市橋頭, 生員南以恭[30], 適騎馬而過, 卽下馬曰: "長者頭在此, 不可騎過."

士人韓百謙[31] · 沈憬[32], 往哭于汝立屍, 出衣衾賙賻[33], 厚殮殯

부에 의하여 탄핵, 파직되었다. 1597년 정유재란에 다시 왜군이 전주성을 포위하자, 수성의 계책을 제시하였으나 받아들여지지 않았고, 전주성을 지키던 明將은 성을 버리고 도망하니, 성중에서는 크게 혼란이 일어났다. 다시 조정에 읍소하여 전주부윤이 되어 성을 지켰으며 삼도소모사가 되었다.

29 金憑(김빙, 1549~1589): 본관은 通州, 자는 敬中. 1580년 별시 문과에 급제하였다. 이조좌랑을 지낸 뒤, 1589년 鄭汝立이 모반에 실패하자 자결하였는데, 그 이듬해 정여립을 追刑할 때 형조좌랑으로서 推鞫官이 되었다. 그러나 추국을 하다가 지병으로 눈물이 흘렀는데, 적대관계에 있던 白惟咸이 역적을 동정하여 운다고 무고하여 곤장을 맞고 죽었다.

30 南以恭(남이공, 1565~1640): 본관은 宜寧, 초명은 南以敬, 자는 子安, 호는 雪蓑. 1590년 증광문과에 장원급제한 뒤 1593년 世子侍講院司書가 되고, 이듬해 평안도 암행어사를 거쳐 사헌부지평 · 사간원정언 · 홍문관교리 등을 역임했다. 1597년 정유재란 때 體察使 李元翼의 종사관이 되었고, 이어서 이조좌랑 · 정랑을 거쳤다. 1598년 李潑 · 鄭仁弘 등과 北人의 우두머리로 영의정 柳成龍이 왜와 화의를 주장했다고 해 탄핵, 파직시켰다. 뒤에 집권에 성공한 북인은 大北 · 小北으로 분열되었다. 이때 柳永慶과 함께 소북을 영도했으나 다시 南黨(淸小北)과 柳黨(濁小北)으로 나뉘었다. 선조 말년 소북과 대북 사이에 왕위계승 문제로 치열한 싸움 끝에 대북이 지지하던 광해군이 즉위함에 따라 유영경과 함께 파직 당했다가 다시 기용되었다. 1615년 이원익과 더불어 廢母論을 반대하다 파직되어 平山 · 海州 · 松禾 등지에서 유배 생활을 하다가 1621년 풀려나와 田監軍接伴使에 이어 체찰사 李慶全의 副使가 되었으나 1623년 인조반정으로 다시 파직 당했다. 1624년 管餉使로 기용되었으며, 이어서 대사간 · 대사헌 · 함경도관찰사를 거쳐 1627년 椵島에 주둔한 明將 毛文龍의 접반사가 되었다. 1637년 절친한 사이인 좌의정 崔鳴吉의 천거로 이조판서에 올랐고, 이듬해 同知經筵事를 겸했다.

31 韓百謙(한백겸, 1552~1615): 본관은 淸州, 자는 鳴吉, 호는 久菴. 1579년 생원시에 합격하고, 1585년 校正廳이 신설되자 鄭逑 등과 함께 교정낭청에 임명되어 《經書訓解》의 교정을 보았다. 1586년 中部參奉이 되었으며, 이어 경기전참봉 · 선릉참봉 등

之, 事覺, 推鞫杖流。

汝立常會射楔[34]之人於黃山, 酒將半, 出言: "近日朝廷, 將付我以大兵, 有征討之事, 誰能從我乎?" 金堤校生崔彭禎, 卽出班[35]跪曰: "吾從夫子." 獄發, 出於賊招, 彭禎承服[36]依律。

李震吉[37], 汝立之五寸戚也。曾爲檢閱[38], 凡朝廷動靜, 一一書

에 제수되었으나 재직 중 병으로 사직하였다. 1589년 鄭汝立의 모반사건 때 자살한 정여립의 시신을 거두어 정성스레 殮하였다. 그러나 뒤에 그 사실이 발각되고, 또한 정여립의 생질인 李震吉과 친분이 두터웠다는 이유로 연좌되어 杖刑을 받고 귀양을 갔다. 임진왜란 때 대사면령으로 석방되었는데, 귀양지에서 적군에게 아부해 반란을 선동한 자들을 참살한 공로로 內資寺直長에 기용되었다. 1595년 호조좌랑, 1601년 형조좌랑·청주목사, 1607년 판결사·호조참의 등에 기용되었다. 이듬해 선조가 죽자 殯殿都監堂上이 되어 喪禮를 주관하였다. 1610년 江原道安撫使, 1611년 파주목사에 기용되었다가 사임하고 양주의 勿移村에 거하였다.

32 沈憬(심경, 1556~1616): 본관은 靑松, 자는 仲悟. 1589년 李潑형제가 鄭汝立의 모반사건에 연루되어 처형되자, 장사지낼 사람이 없음을 슬퍼하여 그 시체를 거두어 장사지내 주었다. 이에 연루되어 부령에 유배되었다. 1592년 임진왜란으로 풀려나 면천으로 돌아와 경사를 연구하였다. 1615년 처음으로 童蒙敎官이 되었다. 이때 대북파들 사이에서 鄭仁弘을 추대하여 인목대비의 폐비론을 성립하고자 획책하자, 대사헌 韓纘男에게 이 사실을 폭로하고 부당함을 말하였다. 그러나 오히려 자기가 하옥되어 경성에 안치되었다가 1년 만에 죽었다.

33 賻賻(봉부): 賻儀를 보냄. 부의는 상가에 부조로 보내는 돈이나 물품이다.

34 射楔(사설): 射楔의 오기인 듯. 射契. 활을 쏘려고 射亭에 든 활쏘기 회원들의 모임. 모임의 장[契長]은 고관 가운데 뽑고, 계원은 모임이 조직 안 된 다른 사정 소속 사람들도 받아들였다.

35 出班(출반): 出班奏. 여러 사람이 모인 자리에서 맨 먼저 말을 꺼냄.

36 承服(승복): 죄인이 죄를 스스로 인정하는 것.

37 李震吉(이진길, 1561~1589): 본관은 德山, 자는 子脩. 1586년 별시문과에 급제하였고, 檢閱을 역임하였다. 1589년 기축옥사 때 鄭汝立의 생질로서 모반에 참여한 혐의로 체포되어 杖殺되었다.

38 檢閱(검열): 조선시대 예문관과 춘추관에 소속된 관직. 승지와 더불어 왕의 측근에

通於汝立。又作告天神文, 歷敍先王疵政[39]及天灾地變。前日汝
立之問我以漢江龍舟[40]漂失[41]與否者, 亦欲用於此文也。事覺庭
鞫, 不服而死。

故佐郎李敬中[42], 平日見李震吉以翰林入侍, 大言於稠中[43]曰:
"京洛[44]世家[45]子弟之登科才俊者不少, 而如此凶憸之人, 何處得
來爲此任乎?" 及獄發, 有以此語上聞者。上特命追贈, 以獎先見
之明。

서 일하는 近侍로 지칭되며, 史實의 기록과 왕명의 대필 등을 맡았으므로 史臣이라
고도 한다.

39 疵政(자정): 失政. 결점이 있는 정치.

40 龍舟(용주): 임금이 뱃놀이를 할 때 타는 배. 본래 중국에서 시작된 것으로 민간에서
는 단오절 등 명절에 여러 척을 하천이나 호수에 띄워 놓고 서로 경주를 하며 즐겼고,
한편 帝王將相들은 그들의 위엄을 과시하기 위하여 찬란하고 거대한 배를 만들고
선수는 용의 머리, 선미는 용의 꼬리 모양으로 장식을 하였다.

41 漂失(표실): 물에 떠내려가서 잃어버림.

42 李敬中(이경중, 1542~1584): 본관은 全州, 자는 公直, 호는 丹崖. 1570년 식년문과
에 급제하여 홍문록에 선임되었다. 1574년 홍문관정자에 이어 저작·正言을 거쳐,
1576년 修撰을 지내고 이어 이듬해는 敎理를 역임하였다. 1581년 이조좌랑으로 있을
때 鄭汝立이 당시 명망이 있음을 보고 극력 배척하며, 淸顯의 자리에 두지 말라고
논책하였다가 도리어 鄭仁弘·朴光玉·鄭琢 등 동인의 언관들로부터 論劾당하여 파
직되었다. 뒤에 應敎를 거쳐 1584년 執義에 이르렀으나, 대사헌 鄭澈과의 불화로
경상도 推刷御史로 좌천되었다가 밀양에서 병사하였다. 그 뒤 1589년 정여립이 모반
하여 패사하자, 柳成龍이 이경중의 예견이 사실화되었음을 상소하여 이조참판에 추
증되었다.

43 稠中(조중): 여러 사람이 빽빽하게 모인 자리.

44 京洛(경락): 漢나라와 唐나라 때의 서울인 洛陽을 말하나, 일반적으로 서울을 나타내
는 말로 많이 쓰임.

45 世家(세가): 여러 대에 걸쳐 국가의 요직에 있거나 특권을 누리는 집안.

全羅都事曹大中⁴⁶, 光州人也。與汝立相厚, 連逮⁴⁷杖訊時, 上
一絶於委官右相沈守慶⁴⁸。其第三四句⁴⁹曰: "地下若逢比干⁵⁰去,
孤臣含笑不須悲." 沈相以爲亂言⁵¹不之告。一日筵席, 語及此
事, 沈相遞罷, 命發大中塚, 剖棺斬屍⁵²。

全州判官黃廷擇。以造弓箭於汝立。杖死。

朴文長・金彦隣, 安岳⁵³人也。與汝立同謀, 事發逃躱。朴見

---

46 曹大中(조대중, 1549~1590): 본관은 昌寧, 자는 和宇, 호는 鼎谷. 1576년 진사시에
    합격하고, 1582년 식년문과에 급제하였다. 1589년 전라도도사로 지방을 순시하던
    중 보성에 이르러 부안에서 데려온 官妓와 이별하며 눈물을 흘렸는데, 이것이 당시
    반란음모로 처형된 鄭汝立의 죽음을 슬퍼한 것으로 오해되어, 정여립의 일파로 몰려
    국문을 받다가 이듬해 杖殺되었다.

47 連逮(연체): 한 사람의 죄로 인하여 다름 사람들까지 관련되어 붙잡힘.

48 沈守慶(심수경, 1516~1599): 본관은 豊山, 자는 希顏, 호는 聽天堂. 1546년 식년문
    과에 급제, 賜暇讀書하였다. 1552년 檢詳을 거쳐 직제학을 지냈다. 1562년 靖陵(中
    宗陵)을 이장할 때, 경기도관찰사로 大輿가 한강을 건너는 船艙 설치를 하지 않은
    죄로 파직되었다. 뒤에 대사헌과 8도 관찰사를 역임하였으며, 청백리에 녹선되었다.
    1590년 우의정에 오르고 기로소에 들어갔다. 1592년 임진왜란이 일어나자 삼도체찰
    사가 되어 의병을 모집하였으며, 이듬해 영중추부사가 되었다가 1598년 벼슬길에서
    물러났다.

49 三四句(삼사구): "나의 일편단심은 귀신이 아니, 깊은 원한 풀지 못해 더디 죽는 것
    한스럽네. 지하에서 만약 비간을 따른다면, 고혼은 웃음을 머금을 것이니 슬퍼할
    것 없네.(丹心一片鬼神知, 未吐深寃恨死遲. 地下若從比干去, 孤魂含笑不須悲.)"의
    3, 4구를 지칭.

50 比干(비간): 중국 商의 정치인으로서 紂王이 폭정을 하자 간언하다 살해된 인물. 죽
    음으로 결백을 증명한 충신이다.

51 亂言(난언): 꺼리지 않고 되는 대로 함부로 마구 하는 말.

52 剖棺斬屍(부관참시): 죽은 뒤에 큰 죄가 드러난 사람을 극형에 처하던 일. 무덤을
    파고 관을 꺼내어 시체를 베거나 목을 잘라 거리에 내걸었다.

53 安岳(안악): 황해도 서북부에 있는 고을 이름.

捉於橫城縣監具孝淵[54], 金被獲於忠州牧使李景麟[55], 俱服依
律。具·李俱陞堂上資。

金世謙, 信川[56]人也。乃汝立同謀中最爲腹心者也。及其就捕
庭鞫也, 悉服無諱, 且曰: "禧孝陵[57]幸行時, 吾等聚于昌陵洞[58]
口, 將欲擧事, 全羅人未及齊會, 故不爲。"云, 依律。

當初上命金吾郎·宣傳官, 眼同[59]守土官金穎男, 收取賊家文
書以來。其時, 鄭彦智[60]等, 私囑都事及宣傳官, 拈出其名書尺去
之, 故謂自己等書信, 無一片現存。及上下問書信有無之時, 右

---

54 具孝淵(구효연, 1526~?): 본관은 綾城, 자는 敬伯. 1561년 식년시에 급제하였다.
橫城縣監과 長湍府使를 지냈다.

55 李景麟(이경린, 1533~?): 본관은 全州, 자는 應聖. 1561년 식년시에 입격하였고,
1567년 식년시에서 문과 급제하였다. 1593년 潭陽府使로서 임진왜란 중에 金德齡에
게 종군을 권유하면서, 자신의 봉급을 털어서 전투에 필요한 제반 기구를 마련하는
등 의병 활동을 적극적으로 지원하였다. 임진왜란이 끝난 후에는 驪州牧使에 임명되
었다. 1606년 司憲府가 서북지방의 官妓를 사사로이 거느리고 있는 종친·대신 등에
대한 파직 상소를 올렸는데, 이때 대상에 포함되어 파직되었다.

56 信川(신천): 황해도 서북부에 있는 고을 이름.

57 禧孝陵(희효릉): 禧陵과 孝陵. 禧陵은 中宗의 첫 번째 繼妃 章敬王后 윤씨의 무덤이
고, 孝陵은 仁宗과 그의 비 仁聖王后 박씨의 무덤이다.

58 昌陵洞(창릉동): 경기도 고양시 덕양구에 있는 동네.

59 眼同(안동): 함께 입회하여 처리하는 사람. 다같이.

60 鄭彦智(정언지, 1520~?): 본관은 東萊, 자는 淵夫, 호는 東谷. 1558년 식년문과에
급제하였다. 1561년 전적을 시작으로 형조좌랑·정언·지평을 거쳐, 선조 때에 교리
·의주목사·승지·대사헌·대사간을 역임하였으며, 1589년에는 이조참판에 올랐다.
鄭汝立의 역모사건이 일어나자 무고로 역적과 친족으로 교분이 두터웠던 인사로 지
목되었으며, 양사의 탄핵으로 정언신은 中途付處되고, 정언지는 강계로 귀양에 처하
여졌다. 그러나 임진왜란이 일어나자, 왕은 영남인 權愉의 반대상소에도 불구하고
1594년 그를 한성부좌윤으로 임명하여 복관시켰다.

相鄭彦信⁶¹則常爲通信爲對, 其兄彦智則以無一字相問爲對, 上
手持其書札數十度示之曰: "此何人書也?" 彦智無以對。蓋書末
稱宗老, 或稱東谷, 書名字者去之, 宗老·東谷則旣不之知, 故不
能去。彦智亦幸其無姓名欲諱之, 上曰: "如此迷劣⁶²之人, 何以
爲三司⁶³長官乎?" 李洁⁶⁴·李潑⁶⁵兄弟書, 亦有九張。書中有曰:

---

61 鄭彦信(정언신, 1527~1591): 본관은 東萊, 자는 立夫, 호는 懶庵. 1566년 별시문과
에 급제, 검열이 되고, 1571년 호조좌랑으로 춘추관기사관이 되어 《명종실록》 편찬
에 참여하였다. 그 뒤 전라도도사·장령·동부승지 등을 거쳤다. 이후 함경도병마절
도사로 나가 邊民을 잘 다스리고 鹿屯島에 屯田을 설치하여 군량미를 풍족하게 비축
하였다. 이어 대사헌으로 옮겼다가 부제학이 되었다. 1582년 尼湯介가 쳐들어오자
우참찬으로 함경도도순찰사에 임명되어 막하로 李舜臣·申砬·金時敏·李億祺 등 뛰
어난 명장들을 거느리고 적을 격퇴하였다. 이어 함경도관찰사로 북쪽 변방을 방비하
고 병조판서에 승진되었다. 1589년 우의정이 되어 鄭汝立의 모반 후 그 잔당에 대한
옥사를 다스리고는 委官에 임명되었다. 그러나 서인 鄭澈의 사주를 받은 대간으로부
터 정여립의 九寸親이므로 공정한 처리를 할 수 없다는 탄핵을 받아, 위관을 사퇴하
고 이어서 우의정도 사퇴했으며, 정철이 위관을 대신하였다. 그 뒤 逆家文書 가운데
에 그가 들어 있다는 것을 구실로 정철 등으로부터 계속 정여립의 일파로 모함을
받아 남해에 유배되었다가 투옥되었다. 賜死의 하교가 있었으나 감형되어 갑산에
유배, 그 곳에서 죽었다.
62 迷劣(미열): 미욱하고 변변치 못함.
63 三司(삼사): 조선시대 언론을 담당한 사헌부·사간원·홍문관을 가리키는 말.
64 李洁(이길, 1547~1589): 본관은 光山, 자는 景淵, 호는 南溪. 1577년 문과에 급제하
였다. 의정부 사인을 거쳐 벼슬이 응교에 이르렀으나, 형이 서인과의 갈등 끝에 퇴거
되자 함께 낙향하였다. 1589년, 친하게 지내던 鄭汝立의 모반 사건으로 형인 李潑과
李潑이 그와 내응한 혐의로 고문 끝에 죽고 동인들이 대거 축출당할 때 희천으로
귀양 갔다가 다시 서울로 압송되어 죽음을 당했다.
65 李潑(이발, 1544~1588): 본관은 光山, 자는 景涵, 호는 東巖·北山. 1573년 알성문과
에 장원, 이듬해 賜暇讀書를 하고, 이조정랑으로 발탁되었다. 1579년 응교, 1581년
전한, 1583년 부제학을 역임하고 이듬해에 대사간에 이르렀다. 이조전랑으로 있을
때에는 자파의 인물을 등용함으로써 사람들로부터 원망을 샀으며, 동인의 거두로서

"用某官, 此等擧措, 專是憒憒[66]." 此卽汝立於銅谷家, 與洪進言者也。又曰: "當今見道高明[67], 惟尊兄一人而已." 自上手持而示鞫廳諸臣, 天威震厲。玉音閉澁, 至不能出聲, 諸臣震慴矣。

庭鞫[68]鄭彦信於仁政殿[69]南行廊, 參鞫諸人, 皆擬賜藥。不可施刑於大臣(鄭卽其時右相), 獨鄭澈[70](右相)執議請訊, 論議不

鄭澈의 처벌문제에 강경파를 영도하였다. 이로 인하여 李珥·成渾 등과도 교분이 점점 멀어져 서인의 미움을 받았다. 1589년 동인 鄭女立의 모반사건이 일어남을 계기로 서인들이 집권하게 되자, 관직을 사퇴하고 교외에서 待罪하던 중 잡혀 두 차례 모진 고문을 받고 杖殺되었다.

66 憒憒(궤궤): 憒亂. 애매함. 어리석음.

67 見道高明(견도고명): 鄭介淸이 鄭女立에게 보낸 편지에, "도를 보는 것이 高明한 사람은 당세에 오직 尊兄 한 사람뿐입니다."라고 한 데서 나온 말. 이를 빌미로 정개청이 정여립과 친분이 돈독한 증거로 삼았다.

68 庭鞫(정국): 議政大臣 중에서 委官을 정해 궁궐 앞뜰에서 심문하는 것. 親鞫은 임금이 직접 참석하여 심문하는 것이며, 三省推鞫은 의정부·의금부·사헌부가 會坐하여 심문하는 것이다. 정국의 경우 죄인을 訊問하는 절차는 친국과 같으나 위관이 신문의 경과를 임금에게 보고하며, 임금이 참석하지 않으므로 호위 절차는 없다. 그러나 사안에 따라 약간의 軍威를 도열시키고 심문 처소도 闕庭이 아니라 司僕寺 등 궁궐 밖의 아문을 정하여 심문하는 예도 있었다.

69 仁政殿(인정전): 昌德宮의 正殿.

70 鄭澈(정철, 1536~1593): 본관은 延日, 자는 季涵, 호는 松江. 어려서 仁宗의 淑儀인 맏누이와 桂林君 李瑠의 부인이 된 둘째누이로 인하여 궁중에 출입하였는데, 이때 어린 慶原大君(明宗)과 친숙해졌다. 1545년 을사사화에 계림군이 관련되자 부친이 유배당하여 配所를 따라다녔다. 1551년 특사되어 온 가족이 고향인 전라도 담양 昌平으로 이주하였고, 그곳에서 金允悌의 문하가 되어 星山 기슭의 松江가에서 10년 동안 수학하였다. 1561년 진사시에, 다음 해 별시문과에 각각 장원하여 典籍 등을 역임하였고, 1566년 함경도 암행어사를 지낸 뒤 李珥와 함께 賜暇讀書하였다. 1578년 掌樂院正에 기용되고, 곧 이어 승지에 올랐으나 珍島 군수 李銖의 뇌물사건으로 東人의 공격을 받아 사직하고 고향으로 돌아왔다. 1580년 강원도 관찰사로 등용되었고, 3년 동안 강원·전라·함경도 관찰사를 지냈다. 1589년 우의정에 발탁되어 鄭女

一, 夜分不決, 以聞, 上從激議。四更始訊, 杖十三下, 彦信請
服, 都事就問, 則逆賊締結辭緣[71]承服[72]云。更啓則須問逆謀與
知[73], 又加訊十七度, 不服, 遂竄甲山[74]。(松江新入右相)

庭鞫時, 上使別監湯酒饋彦信, 且敎: "以討逆事重, 不得不推
鞫, 而於予心豈得安乎?" 別監酌酒, 將飮彦信, 其兄彦智欲飮
之, 出手引杯之際, 別監曰: "此酒自上賜右相者, 非令監所得
飮。" 彦智慚而止。(按鄭彦信·彦智·洪宗祿·白惟讓[75]·李潑·李
洁·鄭昌衍[76], 皆出於汝立之姪緝之招, 又出於賊家文書。諸人

立의 모반사건을 다스리게 되자 西人의 영수로서 철저하게 동인 세력을 추방했고,
다음해 좌의정에 올랐으나 1591년 建儲문제를 제기하여 동인인 영의정 李山海와 함
께 光海君의 책봉을 건의하기로 했다가 이산해의 계략에 빠져 혼자 광해군의 책봉을
건의했다. 이때 信城君을 책봉하려던 왕의 노여움을 사 파직되었고, 晉州로 유배되
었다가 이어 江界로 移配되었다. 1592년 임진왜란 때 부름을 받아 왕을 의주까지
호종, 다음 해 謝恩使로 명나라에 다녀왔다. 얼마 후 동인들의 모함으로 사직하고
강화의 松亭村에 寓居하면서 만년을 보냈다.

71 辭緣(사연): 편지나 말의 내용.

72 承服(승복): 죄인이 죄를 스스로 인정하는 것.

73 與知(여지): 관여하여 앎. 그 일에 참여함.

74 甲山(갑산): 함경남도 북동부에 있는 고을.

75 白惟讓(백유양, 1530~1589): 본관은 水原, 자는 仲謙. 1572년 親試文科에 급제하여
1581년 弘文館校理, 이어 江原道御史·司憲府執義·弘文館典翰을 지내고 1588년 대
사성·이조참의, 1589년 병조참판·副提學 등을 역임하였다. 1589년 鄭汝立의 모반
사건이 일어났을 때 아들 白壽民이 정여립의 형 鄭汝興의 딸을 아내로 삼았던 탓으로
연좌되어 사형 당하자 사직하였다. 이후 정여립과 절친한 黨與로 지목되어 탄핵을
받아 유배되었으며, 宣弘福의 招辭에 연루되어 杖刑을 받은 뒤 감옥 안에서 사망하
였다.

76 鄭昌衍(정창연, 1552~1636): 본관은 東萊, 자는 景眞, 호는 水竹. 아버지는 鄭惟吉
이다. 1579년 식년문과에 을과로 급제하여 讀書堂에 들어갔고, 이조좌랑을 거쳐 동

皆竄, 昌衍放送, 至再拿也。柳成龍[77]爲委官, 彦信·惟讓·潑·洁·曺大中·柳德粹·鄭介淸[78], 或以辭連[79], 或以疏章, 皆死.)

　己丑九月, 李洁自南平[80], 率眷[81]上京(李洁時爲舍人赴召[82]),

부승지 등의 관직을 두루 역임하였다. 1614년 우의정이 되고 이어 좌의정이 되어 耆社에 들고 几杖을 받았다.

77　柳成龍(류성룡, 1542~1607): 본관은 豊山, 자는 而見, 호는 西厓. 임진왜란이 일어나자 병조판서로서 도체찰사를 겸하여 軍務를 총괄하였다. 이어 영의정에 올라 왕을 扈從하여 평양에 이르러 나라를 그르쳤다는 반대파의 탄핵을 받고 면직되었다. 의주에 이르러 평안도 도체찰사가 되었고, 이듬해 명나라 장수 李如松과 함께 평양성을 수복한 뒤 충청도·경상도·전라도 3도의 도체찰사가 되어 파주까지 진격하였다. 이해 다시 영의정에 올라 4도의 도체찰사를 겸해 군사를 총지휘했으며, 이여송이 碧蹄館에서 대패해 西路로 퇴각하는 것을 극구 만류했으나 뜻을 이루지 못하였다. 1594년 훈련도감이 설치되자 提調가 되어《紀效新書》(중국 명나라 장수 척계광이 왜구를 소탕하기 위하여 지은 병서)를 講解하였다. 또한 호서의 寺社位田을 훈련도감에 소속시켜 군량미를 보충하고 鳥嶺에 官屯田 설치를 요청하는 등 명나라 및 일본과 화의가 진행되는 동안에도 군비를 보완하기 위해 계속 노력하였다. 1598년 명나라 經略 丁應泰가 조선이 일본과 연합하여 명나라를 공격하려 한다고 본국에 무고한 사건이 일어나자, 사건의 진상을 알리러 가지 않는다는 북인들의 탄핵을 받아 삭탈관직 되었다가 1600년 복관되었으나 다시 벼슬길에 나아가지 않고 은거하였다.

78　鄭介淸(정개청, 1529~1590): 본관은 固城, 자는 義伯, 호는 困齋. 禮學과 성리학에 깊은 관심을 기울여 당시 호남지방의 명유로 알려졌다. 1574년 전라감사 朴民獻, 1583년 영의정 朴淳에 의해 遺逸로 천거되었지만, 수차의 관직 제수를 극구 사양하였다. 이에 그의 관직생활은 46세에 북부참봉을 지낸 이후 55세에 나주훈도, 58세에 典牲署主簿, 그리고 60세 되던 해 李山海의 천거로 곡성현감을 지내는데 그쳤다. 1589년에 鄭汝立의 모역사건 때 이의 처리과정상 연루자의 색출이 지방 사류에게까지 확대되는 와중에서, 1590년 5월 정여립과 동모했다는 죄목으로 체포되어 평안도 위원으로 유배되었다가 다시 같은 해 6월 함경도 경원 阿山堡로 이배되고, 7월 그곳에서 죽었다.

79　辭連(연사): 죄인의 供招에 연루되는 것.

80　南平(남평): 전라남도 나주 지역의 옛 지명.

81　率眷(솔권): 관리가 집안 식구나 권속을 데리고 가거나 오거나 하는 것.

行到金溝縣, 縣令金堯命, 抵書汝立曰: "今日李景淵來宿我縣,
公不來見耶?" 汝立托病不來, 書請洁。洁往見語次[83], 汝立公然
說破[84]謀反事。洁大驚, 拂袖去, 行到參禮[85]思之, '彼旣發逆言,
而我驚起以來, 彼必追殺我也。' 卽罔晝夜兼程[86]以行, 到恩津[87],
不入客館, 請於縣宰, 得護送軍, 從間路急向京城。汝立果送力
士數輩, 要擊殺之, 至恩津, 聞過行已久乃廻。洁計欲上變[88], 適
其兄潑, 在鄕未及來, 苦待之際, 黃海監司韓準[89]之啓已上矣。其
時李丈啓[90]爲長城[91]宰, 其子廷龜[92]爲省覲南下, 路逢洁。擁兵自

82　赴召(부소): 임금의 부름에 나아가거나 나아옴.

83　語次(어차): 말을 할 때. 말하던 차.

84　說破(설파): 숨김없이 말함. 털어놓고 말함.

85　參禮(삼례): 전라북도 완주군에 있는 고을 이름. 교통요충지로 華山마을 곰멀과 비
　　선거리 사이에는 參禮道察訪이 있었던 것에 유래하였다.

86　兼程(겸정): 하루에 이틀 길을 감.

87　恩津(은진): 충청남도 논산 지역의 옛 지명.

88　上變(상변): 告變. 임금에게 전쟁이나 난리와 같은 변을 보고함.

89　韓準(한준, 1542~1601): 본관은 淸州, 자는 公則, 호는 南崗. 1566년 별시문과에
　　급제하여 예문관에 등용되었다. 예조좌랑·장령·좌승지·전라도관찰사·호조참판
　　등을 지냈다. 1588년 우참찬이 되어 聖節使로 명나라에 다녀와 황해도관찰사가 되었
　　다. 이듬해 안악군수 李軸, 재령군수 韓應寅 등이 연명으로 鄭汝立의 모역사건을
　　알리는 告變書를 조정에 비밀장계로 올렸다. 그 공으로 1590년 平難功臣 2등이 되고
　　좌참찬에 올라 淸川君에 봉하여졌다. 1592년 임진왜란 때 호조판서로 順和君을 호
　　종, 강원도로 피난하였고, 이듬해 한성부판윤에 전임되었으며, 進賀兼奏聞使로 다
　　시 명나라에 다녀와 이조판서가 되고, 1595년 謝恩兼奏請使로 또다시 명나라에 다녀
　　왔다.

90　李丈啓(이장계): 李啓(1528~1593). 본관은 延安, 자는 景騰. 1567년 임금에게 己卯
　　士禍에 화를 당한 사람들을 褒贈하기를 청하였으며, 그것이 허락되자《己卯錄》에
　　기록되었다. 1589년 장성현감을 역임하였다. 임진왜란 때 선조가 피난을 떠나자 도

衛, 蒼黃北來之狀云。(後因梁千會[93]疏被囚)

鄭介淸, 谷城[94]人也。門地不甚蟬聯, 而早得學問之名, 其造詣
淺深, 俱未之知, 而後生嗜學者, 多從之遊, 與汝立最親厚。嘗著
排節義論[95]一篇, 其中有曰:"忠臣不事二君, 烈女不更二夫.'是
王蠋[96]偶發之言, 非聖人通論也。伊尹[97]曰:'何事非君, 何使非

보로 行在所에 이르러 三登縣令에 임명되었으며, 군사를 다스리는 일과 양곡 조달하
는 일을 전담하여 백성들을 편안하게 하였다.

91 長城(장성): 전라남도 북쪽에 있는 고을 이름.

92 廷龜(정귀): 李廷龜(1564~1635). 본관은 延安, 자는 聖徵, 호는 月沙·保晚堂·癡菴
·秋崖·習靜. 1590년 증광문과에 급제했다. 1598년 명나라의 丁應泰 무고사건이 일
어났을 때 〈戊戌辨誣奏〉를 지어 명과의 갈등을 해결하는 데 큰 역할을 했다. 여러
차례 대제학에 올라 문사에 능한 자들을 발굴했고, 중국을 내왕하면서 100여 장의
〈朝天紀行錄〉을 펴냈다. 그 뒤 병조판서·예조판서·좌의정·우의정을 지냈다. 한문
학의 대가로 글씨에도 뛰어났으며, 조선 중기의 4대 문장가 가운데 한 사람이다.

93 梁千會(양천회, 1563~1591): 본관은 濟州, 자는 士遇. 1588년 식년시에 급제하였다.

94 谷城(곡성): 전라남도 북동부에 위치한 고을 이름.

95 排節義論(배절의론): 조선 宣祖 때 鄭介淸은 본디 西人 朴淳의 문인이었으나 박순이
영의정에서 파직되자, 東人 李潑·鄭汝立과 교분을 맺음으로써 스승을 배반하였다는
비난을 받고는 자신의 처지를 변명하기 위해 지은 〈東漢節義晉宋淸談說〉을 가리킴.
곧 朱子가 논한 것을 읽고 느낀 바가 있어 동한시대의 절의의 폐를 밝힌 것뿐이니,
대개 절의라는 것은 의리에 밝아서 이해의 사욕에 가려지지 않는 것이므로 평소에
절의를 몸소 실행하면 족히 임금으로서는 밝아질 것이며, 신하로서는 정직해짐으로
서 화의 근본을 없애고 간특한 싹을 꺾어버릴 수 있으며, 불행히도 화란을 만날 때에
는 이해를 돌아보지 않고 절의에 죽을 것입니다. … 실은 절의의 근본을 배양함에
있었던 것인데, 도리어 절의를 배척하였다고 하니 이는 신의 본심이 아니며, 따라서
원통함을 안고 있을 뿐 발명할 데가 없다는 내용이다. 오히려 정철 등 서인으로부터
排節義論이라는 비난을 받았고, 마침 정여립의 옥사가 일어나자 평소 정여립과 가깝
게 지냈다 하여 연루되어 함경북도 경원으로 유배되게 되었는데 유배지에 도착하여
죽었거나 아니면 유배 도중에 세상을 떠났다고 한다.

96 王蠋(왕촉): 중국 전국시대 齊나라 사람. 제나라가 燕나라에 망한 뒤에 연나라 장군

民?' 此乃聖人通論." 時人以爲此論專爲鄭賊作也。以此杖殛。
余常以爲汝立朝鮮之反賊, 介淸萬古之逆臣也。蓋其主意, 欲使
天下萬世, 去君臣大倫, 朝隋而暮唐, 昔君臣而今仇讐, 驅一世之
人, 服事汝立, 而不恥不悔者也。且平日與其父母異縣而居, 不
爲往覲, 人有誚之者, 介淸笑曰: "我誠孝至極, 常聽於無聲, 視於
無形[98], 安用屑屑[99]往來乎?" 噫! 此豈非自欺而欺人之甚者乎?
誠若此言, 介淸屬纊[100]之前, 無非與其親相對之日, 縱使親沒之
後, 猶以爲常目在之, 而不必爲衰經[101]哭擗[102]矣。天下安有如此
等學問乎? 余恐此說得行, 則天下之爲人子者, 皆不覲其父母, 而
自以爲孝也。排節義而廢君臣之倫, 曠定省[103]而忘父子之親, 若

樂毅가 그에게 항복을 권하자, 충신은 두 임금을 섬기지 않고 열녀는 두 지아비를
맞지 않는다며 자결하였다.

97 伊尹(이윤): 중국 殷나라의 전설상 인물. 이름난 재상으로 湯王을 도와 夏나라의 桀
王을 멸망시키고 선정을 베풀었다.

98 常聽於無聲, 視於無形(상청어무성, 시어무형):《禮記》〈曲禮 上〉의 "자식이 아버지
에 대하여, 제자가 스승에 대하여 경외하는 마음이 커서 언제나 소리 없는 곳에서
듣는 듯하고 나타나기 전에 보는 듯하여 〈부모나 스승이〉 부르시기 전에 항상 부르
심이 있는 것처럼 한다면 부르셨을 때에 감히 빨리 대답하지 않을 수 있겠는가?(蓋子
之於父, 弟子之於師, 其敬畏之篤, 常聽於無聲, 視於無形, 於其所未召也, 常若有所
召, 則於其召也, 敢諾而不唯乎?)"에서 나온 말.

99 屑屑(설설): 자질구레함. 총망한 모양.

100 屬纊(속광): 사람의 임종. 임종 때 햇솜인 纊을 입과 코에 대어 숨의 유무를 알아봄에
서 하는 말이다.

101 衰經(최경): 衰絰을 입고 居喪함.

102 哭擗(곡벽): 가슴을 치며 슬프게 소리 내어 우는 것.

103 定省(정성): 昏定晨省. 저녁에는 잠자리를 보아 드리고, 아침에는 문안을 드리는 일.

繩以先王之法, 則必爲亂臣賊子之魁。而壬辰兵燹[104]以後, 一邊
人欲救瀁·洁, 并及介淸, 至曰: "偶因一篇之著論, 身陷刑戮, 至
爲冤枉[105], 旣復其官, 又錄其子." 終恐父子君臣之倫, 從此掃
地[106], 竟莫之救矣。此豈國家之一細事哉?(按野史, 介淸本僧人, 思
菴[107]憐其才, 命還俗, 養育如子, 思菴沒後, 背叛之。至庚寅獄發, 全監洪汝
諄[108], 啓以介淸與汝立遊山之說, 傳播道內, 臺臣[109]請鞫, 上允之。介淸供以不

---

104 兵燹(병선): 전쟁이나 내란으로 인하여 일어나는 화재로, 전쟁의 상태나 그 뒤의 파
괴된 상황을 비유하기도 함.

105 冤枉(원왕): 무고한 사람이 남의 모함으로 누명을 씀.

106 掃地(소지): 땅바닥을 깨끗이 함. 흔적도 없이 됨.

107 思菴(사암): 朴淳(1523~1589)의 호. 본관은 忠州, 자는 和叔. 1553년 정시 문과에
장원한 뒤 成均館典籍, 弘文館修撰·校理, 議政府舍人 등을 거쳤다. 1561년 弘文館應
敎로 있을 때 林百齡의 시호 제정 문제에 관련, 尹元衡의 미움을 받고 파면되어 향리
인 나주로 돌아왔다. 이듬해 다시 기용되어 韓山郡守로 선정을 베풀었고, 1563년
成均館司成을 거쳐, 그 뒤 世子侍講院輔德·司憲府執義·弘文館直提學·승정원동부
승지·이조참의 등을 지냈다. 1565년 대사간이 되어 대사헌 李鐸과 함께 윤원형을
탄핵해 포악한 척신 일당의 횡포를 제거한 주역이 되었다. 그 뒤 대사헌을 거쳐,
1566년 부제학에 임명되고, 이어 이조판서·예조판서를 겸임하였다. 1572년 우의정
에 임명되고, 이듬해 王守仁의 학술이 그릇되었음을 진술했으며, 이 해 좌의정에
올랐다. 그 뒤 1579년에는 영의정에 임용되어 약 15년간 재직하였다. 李珥가 탄핵되
었을 때 옹호하다가 도리어 兩司(사헌부와 사간원)의 탄핵을 받고 스스로 관직에서
물러나 永平 白雲山에 암자를 짓고 은거하였다.

108 洪汝諄(홍여순, 1547~1609): 본관은 南陽, 자는 士信. 1568년 증광문과에 을과로
급제, 이듬해 황해도도사가 되고, 1575년 聖節使의 質正官이 되어 명나라 北京에
다녀왔다. 1592년 임진왜란이 일어나자 병조판서로서 선조를 호종, 북으로 피란 도
중에 호조판서로 전임되었다. 지중추부사로 北道巡察使를 겸하였으나, 성품이 간악
하다는 대간의 탄핵을 받아 순천부에 유배되었다. 난이 끝난 뒤 南以恭·金藎國 등과
함께 柳成龍 등을 몰아내고 정권을 잡았다. 1599년 그의 대사헌 임명을 남이공이
반대하자 북인에서 다시 분당하여 대북이라 부르고, 李爾瞻 등과 함께 남이공 등의
소북과 당쟁을 벌이다가 1600년 병조판서에서 삭탈관직되었다. 이듬해 곧 복관되었

與賊相通云, 嚴鞫得情, 杖殞。)

蘇齋[110]盧公守愼, 爲元輔[111]時, 上言于經席曰: "薦賢宰相之
事, 予欲得大用之人, 須擧之。" 守愼退, 列四人於一紙進之, 卽李
潑, 李洁, 鄭汝立, 白惟讓也。 及庚寅獄末, 上偶閱文書, 得守愼
所進之章。 上大疑而怒, 以爲擧賊, 亟削黜之, 未幾卒。 公以乙
巳名臣, 不能令終[112], 人之晩節, 豈不難哉?

余於昨年十月十三日, 以殺獄覆檢[113]事, 往長水縣, 宿於所館,
夜夢入闕庭, 非我朝也, 乃天朝也。 月廊[114]上鋪蛟龍旗, 余藉而

___

으나, 1608년 광해군이 즉위하자 또다시 탄핵을 받아 진도에 유배되어 이듬해 배소
에서 죽었다.

109 臺臣(대신): 조선시대 사헌부 관원의 통칭.

110 蘇齋(소재): 盧守愼(1515~1590)의 호. 본관은 光州, 자는 寡悔. 1543년 식년문과에
장원급제한 이후 典籍·修撰을 거쳐, 1544년 侍講院司書가 되고, 같은 해 賜暇讀書하
였다. 인종 즉위 초에 정언이 되어 大尹의 편에 서서 李芑를 탄핵하여 파직시켰으나,
1545년 명종이 즉위하고, 小尹 尹元衡이 을사사화를 일으키자 이조좌랑의 직위에서
파직되어 1547년 순천으로 유배되었다. 그 후 良才驛壁書事件에 연루되어 죄가 가중
됨으로써 진도로 이배되어 19년간 귀양살이를 하였다. 1565년 다시 괴산으로 이배되
었다가, 1567년 선조가 즉위하자 풀려나와 校理에 기용되고, 이어서 대사간·부제학
·대사헌·이조판서·대제학 등을 지냈다. 1573년 우의정, 1578년 좌의정을 거쳐
1585년에는 영의정에 이르렀다. 1588년 영의정을 사임하고 領中樞府事가 되었으나,
이듬 해 10월 鄭汝立의 모반사건으로 기축옥사가 일어나자 과거에 정여립을 천거했
다는 이유로 臺諫의 탄핵을 받고 파직되었다.

111 元輔(원보): 영의정을 달리 이르던 말.

112 令終(영종): 考終命. 좋게 죽음.

113 覆檢(복검): 일단 초검한 시체를 중앙의 관원이 다시 검시하여 조사하던 것.

114 月廊(월랑): 行廊. 대문의 양쪽이나 문간에 붙어 있는 방. 궁궐이나 사찰과 같이 규모
있는 건물에서 앞이나 좌우에 줄지어 만든 건물을 지칭한다.

坐之旗上, 織龍生而活動, 余懼而移坐則亦然, 再三移之, 終始如
一, 余懼而乃覺。翌日, 果獲逆魁鄭汝立及邊泗, 玉男, 朴春龍等
四名口, 抑亦夢寐之間, 先見兆眹耶? 可謂奇矣。

　一日筵中。洪聖民[115]語及任國老[116]欲爲翻獄之事。時金貴
榮[117]以領事[118]入侍, 亦曾參鞫大臣也。上顧問曰: "卿聞國老欲

---

115 洪聖民(홍성민, 1536~1594): 본관은 南陽, 자는 時可, 호는 拙翁. 1564년 식년문과
　에 급제, 정자·교리 등을 지냈다. 1567년 賜暇讀書한 뒤 대사간을 거쳤다. 1575년
　호조참판에 이르러 사은사로 명나라에 건너가 宗系辨誣에 대하여 힘써, 명나라 황제
　의 허락을 받아 가지고 돌아왔다. 그 뒤 부제학·예조판서·대사헌·경상감사 등을
　역임하였다. 1591년 판중추부사가 되었다가 建儲問題로 鄭澈이 실각하자, 그 일당으
　로 몰려 북변인 부령으로 유배되었다가 1592년 임진왜란이 일어나자 특사로 풀려나
　복관되어 대제학을 거쳐, 호조판서에 이르렀다.
116 任國老(임국로, 1537~1604): 본관은 豊川, 자는 鮐卿 또는 鮐叟, 호는 竹塢·雲江.
　1562년 별시 문과에 급제, 승문원에 등용되었다가 봉상시주부·호조좌랑·정언·지
　평 등을 역임하였다. 1582년 전라도관찰사로 나아갔고, 그 뒤 중앙으로 돌아와 도승
　지·대사헌·대사성·대제학 등을 지냈으나 1589년 이조참판으로 기축옥사에 연루,
　파직되었다. 1591년 다시 대사성으로 기용되고 이듬해 임진왜란 중에 調度檢察使
　·분호조참판을 지내면서 3년간 평안도에 머물렀으며, 1597년 정유재란 때는 왕비를
　호위하여 황해도에 피난하였다. 1599년 형조판서에 이어 다시 대사헌·형조판서·이
　조판서 등을 역임하였다.
117 金貴榮(김귀영, 1520~1593): 본관은 尙州, 자는 顯卿, 호는 東園. 1547년 알성문과
　에 급제, 예문관에 등용되어 正字·博士 등을 지냈다. 1555년 賜暇讀書를 하고 副提
　學을 거쳐 이조판서를 8번, 사신으로서 9번 명나라에 다녀왔다. 大提學을 6번 거쳐,
　1581년 우의정에 올랐다. 1589년 平難功臣 2등에 책록되고, 上洛府院君에 봉해진
　뒤 기로소에 들어갔으나, 是非에 적극성이 없다는 趙憲의 탄핵으로 사직하였다. 임
　진왜란 때 중추부영사로서 臨海君을 배종하여 함경도에 피난하였는데, 회령에 수개
　월 머무르는 동안 민폐가 많아 인심을 잃었다. 때마침 적이 침입하자, 鞠景仁에 의하
　여 임해군·順和君·黃廷彧 등과 함께 적장가토 기요마사[加藤淸正]에게 넘겨졌다.
　여기에서 가토의 강요에 의하여 강화를 권하는 목적으로 行在所에 파견되었는데,
　적과 내통하였다는 의심을 받아 희천으로 유배되어 가던 중에 죽었다.

爲翻獄之事乎?"貴榮對曰: "國老在臣座之左, 臣左耳偏聾, 不得
聽聞." 聞者鄙其阿護[119]不以直對. (按彦信·惟讓·洁, 皆以汝立親密
之交, 往來書札, 多在文書中. 彦信初出鄭緝之招, 任國老又疏論彦信有營護[120]
逆賊之迹, 就鞫竄甲山. 蓋松江極力救解者也. 全羅儒生梁澗, 又上疏言彦信當
庭鞫之日, 欲斬告者之說, 公然肆發, 而此說傳播, 朝廷無一人言之, 是亦可愕
云. 上問于其時同參諸臣, 金貴榮以爲耳聾不得聞, 李山海[121]以爲日久不得記
憶, 俞泓[122]·洪聖民皆以爲聞之. 聖民啓曰: "彦信發言, 臣實抗之, 山海亦言其

---

118 領事(영사): 조선시대 주요 관서의 정1품 관직. 의정부·中樞府·敦寧府 등의 정1품
아문과 經筵·弘文館·藝文館·春秋館·觀象監) 등의 특수 부서에 두었다.

119 阿護(아호): 남의 환심을 사기 위하여 아첨하고 두둔함.

120 營護(영호): 죄를 지은 사람을 구원하고 보호함.

121 李山海(이산해, 1539~1609): 본관은 韓山, 자는 汝受, 호는 鵝溪·終南睡翁. 1561년
식년 문과에 급제해 승문원에 등용되었다. 이듬해 홍문관정자, 이어 부수찬이 되고
1564년 병조좌랑·수찬, 이듬해 정언을 거쳐 이조좌랑이 되었다. 1570년 동부승지로
승진하였다. 1577년 이조·예조·형조·공조의 참의를 차례로 지내고 대사성·도승지
가 되었다. 1578년 대사간이 되어 서인 尹斗壽·尹根壽·尹晛 등을 탄핵해 파직시켰
다. 다음해 대사헌으로 승진하고 1580년 병조참판에 이어 형조판서로 승진하였다.
이듬해 이조판서를 거쳐 우찬성에 오르고, 1588년 우의정에 올랐고, 이 무렵 동인이
남인·북인으로 갈라지자 북인의 영수로 정권을 장악하였다. 다음해 좌의정에 이어
영의정이 되었다. 이듬해 鄭澈이 建儲(세자 책봉) 문제를 일으키자 아들 李慶全을
시켜 金公諒(仁嬪의 오빠)에게 정철이 인빈과 信誠君을 해치려 한다는 말을 전해
물의를 빚었으며, 아들로 하여금 정철을 탄핵시켜 강계로 유배시켰다. 한편 이와
관련해 호조판서 윤두수, 우찬성 윤근수와 白惟成·柳拱辰·李春英·黃赫 등 서인의
영수급을 파직 또는 귀양보내고 동인의 집권을 확고히 하였다. 1592년 임진왜란 때
왕을 호종해 개성에 이르렀으나, 나라를 그르치고 왜적을 침입하도록 했다는 兩司의
탄핵을 받고 파면되었다. 1595년 풀려나서 영돈녕부사로 복직되고 대제학을 겸하였
다. 북인이 다시 분당 때 李爾瞻·鄭仁弘·洪汝諄 등과 대북파가 되어 영수로서 1599
년 재차 영의정에 올랐다.

122 俞泓(유홍, 1524~1594): 본관은 杞溪, 자는 止叔, 호는 松塘. 1553년 별시 문과에
급제, 승문원 정자·典籍·지제교·持平·掌令·집의 등 문관 요직을 역임하였다.

不可."傳曰: "卿旣親見儒疏, 彦信之言, 固爲悖逆[123]." 仍再鞫杖殞, 潑洁亦出賊
招, 杖死.)

命朴忠侃[124]·李軸[125]·韓應寅[126]及余爲都監堂上, 功臣應錄人

1557년 강원도 암행어사로 나가 민심을 수습하고, 1563년 권신 李樑의 횡포를 탄핵
하였다. 이듬해 試官으로 李珥를 뽑았으며, 1565년 文定王后 상사 때에는 山陵都監
으로 치산의 일을 맡았고, 춘천부사가 되어서는 선정을 베풀어 선정비가 세워졌다.
1573년 함경도병마절도사로 회령부사를 겸했고, 그 뒤 개성부유수를 거쳐 충청·전
라·경상·함경·평안도의 관찰사와 한성판윤 등을 역임했다. 1587년 명나라에 사신
으로 가서 이성계가 고려의 권신 李仁任의 아들로 잘못된 것을 바로잡았으며, 1589
년 좌찬성으로서 판의금부사를 겸해 鄭汝立의 逆獄을 다스렸다. 1592년 임진왜란
때 선조를 호종했고, 평양에서 세자(뒤의 광해군)와 함께 종묘사직의 신위를 모시고
동북방면으로 가 도체찰사를 겸임하였다. 1594년 좌의정으로서 해주에 있는 왕비를
호종하다가 객사하였다.

123 悖逆(패역): 인륜에 어긋나고 불순함.

124 朴忠侃(박충간, ?~1601): 본관은 尙州, 자는 叔精. 1584년 호조정랑에 올랐고 1589
년 재령군수로 재직 중 韓準·李軸·韓應寅과 함께 鄭汝立의 모역을 고변하였다.
1592년 임진왜란 때 巡檢使로 국내 여러 성의 수축을 담당하여 서울로 진군하는 왜
적에 대비하였으나 왜병과 싸우다 도망한 죄로 파면, 이듬해 分戶曹判書에서 다시
파면되었다가 뒤에 영남·호남 지방에 파견되어 군량미의 조달을 담당하였다. 1594
년에는 賑恤使가 되어 구호에 필요한 쌀·콩 등의 신속한 조달대책을 상소하여 백성
의 구제에 진력하였다. 1597년 순검사·繕工監提調를 역임하고, 1599년에는 忠勳府
의 쌀·소금 등을 사적으로 이용하였다 하여 한때 불우하였으며, 1600년 南以恭 등의
파당행위의 폐해를 상소하였다가 집권층에 밉게 보여 여러 차례 탄핵을 받았다.

125 李軸(이축, 1538~1614): 본관은 全州, 자는 子任, 호는 沙村. 1576년 식년문과에
급제하여 승문원에 들어갔다. 그 뒤 호조좌랑·예안현감·형조와 공조의 정랑 등을
거쳐, 1589년 안악군수로 있을 때 韓準·朴忠侃·韓應寅과 함께 鄭汝立의 모역을 조
정에 고변한 공으로 공조참판으로 승진되었다. 그 뒤 형조판서·우참찬을 역임하고
1592년 임진왜란 때에는 建義大將 沈守慶의 부장으로 의병을 지휘하였고, 1594년에
는 진휼사가 되어 서울의 백성을 구휼하였다.

126 韓應寅(한응인, 1554~1614): 본관은 淸州, 자는 春卿, 호는 百拙齋. 1577년 알성문
과에 급제하여 예문관에 뽑혔고, 곧이어 승정원주서·예조좌랑·병조좌랑·지평·정
언을 지냈다. 1584년 宗系辨誣奏請使의 書狀官으로 명나라에 다녀와서 성균관직강

磨鍊, 判校趙瑗¹²⁷爲都廳, 金公輝¹²⁸·權成己¹²⁹·申浩¹³⁰爲監造
官¹³¹, 開局于大平館。

을 거쳐, 1588년 선천군수로 부임하여 이듬해 鄭汝立의 모반사건을 적발, 그 공으로
호조참의가 되고, 이어 도승지가 되었다. 1592년 諸道都巡察使로 임진강 방어에 임
하였다. 1599년 謝恩使로 다시 명나라에 정유재란 때의 원군을 사례하고 돌아와서
우찬성에 올랐다. 1600년 이조판서, 다음해 호조판서·병조판서를 거쳐, 1605년 府
院君에 진봉되고, 1607년 우의정에 올랐다. 1613년 대북정권이 계축옥사를 일으켜
서인들을 제거할 때 관직을 삭탈당하고 廣州로 쫓겨 가서 다음해에 사망하였다.

127 趙瑗(조원, 1544~1595): 본관은 林川, 자는 伯玉, 호는 雲江. 1572년 별시 문과에
급제하였다. 1575년 正言이 되어 당쟁이 시작되자, 조원에 대한 탕평의 계책을 상소
하여 당파의 수뇌를 파직시킬 것을 주장하였다. 이듬해 이조좌랑이 되고, 1583년
삼척부사로 나갔다가 1593년 승지에 이르렀다.

128 金公輝(김공휘, 생몰년 미상): 본관은 光山, 자는 景明. 1582년 청암찰방을 지내고
금오정랑을 세 번 지냈으며, 사포 별좌를 두 번 지냈다. 상의원주부를 거쳐 이산현감
을 지내고, 진위현령을 거쳐 형조좌랑, 양근군수, 호조정랑을 역임하였다. 오천군수
와 파주목사를 지냈다.

129 權成己(권성기, 생몰년 미상): 본관은 安東, 자는 誠之. 옥천군수, 숙천부사, 동지중
추부사 등을 지냈다.

130 申浩(신호, 1539~1597): 본관은 平山, 자는 彦源. 1567년 무과에 급제하여 내외직을
역임하다가 무용이 뛰어나다 하여 造山堡萬戶에 임명되었다. 임진왜란이 일어나자
그 전해에 전라좌수사로 발탁되었던 이순신을 도와 見乃梁·安骨浦 등의 해전에서
큰 공을 세워 통정대부로 승진되었다. 1597년 정유재란 때에는 蛟龍山城守禦使로
있다가 南原城이 왜군에게 포위되자, 이를 구원하러 갔다가 전사하였다.

131 監造官(감조관): 그릇이나 병기 따위의 물건을 만드는 일을 감독하는 벼슬아치.

만력 경인년 4월
萬曆庚寅四月

4월 1일。

삼청동(三淸洞)에 장막을 치고 도감(都監)의 당상관들이 다함께 모여 장차 서리(書吏)·사령(使令)·녹사(錄事)·의원(醫員)·화원(畵員)을 차출하려 하였지만 이축(李軸)과 한응인(韓應寅) 두 영공(令公)이 미처 도착하지 않았는데, 주상이 명패(命牌)로써 소집하여 내가 어명을 받들어 창덕궁(昌德宮)에 나아가니 합문(閤門) 밖에 이미 승지(承旨)와 사관(史官)들이 나란히 엎드려 있었다. 나는 나아가 참여하였으나 무슨 일로 소집했는지 연유를 알지 못하여 승지와 사관에게 묻고 싶었지만 말을 꺼내기가 어려웠다. 봉교(奉敎: 예문관 정7품직) 구만(具𪈽)이 좌승지 황우한(黃佑漢)을 돌아보며 일러 말했다.

"민인백(閔仁伯)은 오늘 주상께서 불러들여 면대하는 연유를 알지 못하니, 어제 경연(經筵)에서 말을 나누었을 때 설명할 만도 했습니다."

황우한이 말했다.

"옳네."

구만(具觼)이 말했다.

"어제 이헌국(李憲國)이 주상께 아뢰기를, '신(臣)이 민인백(閔仁伯)을 만났는데, 정여립(鄭汝立)이 사람은 누구나 모두 천자가 될 수 있다고 주장하였으니 그의 의중을 알 만하다고 말하였습니다.'고 하였기 때문에 오늘 부르신 것입니다."

이윽고 주상이 선정전(宣政殿)에 납시자, 승지 이하 차례로 나아갔고 신(臣)도 이어 나아갔다. 주상이 역적을 잡았을 때의 일을 물었는데, 10월 14일에 기록한 바와 같이 대답하였다. 주상이 또 "그대는 지난날 정여립을 만나 이야기를 나눈 적이 있느냐?"고 물었는데, 신(臣)이 다음과 같이 대답했다.

"무자년(1588) 가을이 되어 동곡(銅谷)의 정여립 집에 들러 그를 보았으며, 또 작년(1589) 3월에 정여립이 병조 좌랑(兵曹佐郎)으로 병조(兵曹)의 구사(邱史: 관노비)를 대동하여 그의 조카 정기(鄭紀) 및 지경함(池景涵)을 거느리고 장차 죽도서당(竹島書堂)을 향해 가다가 진안현(鎭安縣)에 도착했을 때 신(臣)이 나가서 만나보고 저녁식사를 가져다주었습니다. 정여립은 지경함에게도 가져다주기를 간절히 청했고 또 유산(遊山: 산놀이)에 필요한 건량(乾糧: 말린 양식)도 지급해주기를 청했습니다. 신(臣)이 응하지 않고 지경함의 흉하고 패악한 모습에 대해 이야기하기를 마치자, 정여립은 손사래를 치며 만류하고 정기(鄭紀)를 돌아보면서 말하기를, '좋게 작별하는 것이 낫겠다.' 하였습니다. 식사가 끝나고 등불을 켜자 또 부탁하기를,

'지경함(池景涵)에게 식사를 가져다주오.' 했습니다. 아마도 마음과
정이 이미 서로 도타워 그 말이 자신도 모르게 입에서 나오는 것
같았습니다. 신(臣)은 또 대답하지 않았으며, 정여립(鄭汝立)이 잠자
리에 들어서 편히 쉬라며 인사하고 파하였습니다. 다음날 나가서
영접하고 또 아침 식사를 가져다주었더니, 정여립이 말하기를, '내
주량이 적지 않으나 자주 담증(痰証)을 앓아 술을 마시지 못하지만,
오늘 주인(主人: 민인백)을 보니 마시지 않을 수 없다.' 하면서, 밥상
앞에 다가앉아 술을 따르도록 하여 술잔을 들고 말하기를, '주인은
도성의 문벌이 매우 훌륭한 집안 출신으로서 과거에 장원급제하고
도 외직으로 나와 후미진 산골의 작은 고을 수령이 되었으니 자못
애석하다.' 하면서 교묘히 끓어오르게 하며 농락하는 말들이 많이
있었습니다. 또한 한강(漢江)의 용주(龍舟: 임금이 타는 배)가 떠내려
가 없어진 것이 확실한지를 물었지만, 신(臣)은 알지 못한다고 대답
하였습니다. 계속해서 말하는 사이에 임제(林悌)가 평소 '예로부터
나라의 이름이 있는 자는 모두 천자라 칭하는데 우리나라만이 그러
하지 않았으니, 훗날 한 번쯤은 반드시 천자를 칭해야 하리라.'고
함부로 말한 것에 미쳐서는 비록 그것이 장난으로 하는 말일지라도
역시 괴이한 일이라고 하자, 정여립이 말하기를, '주인의 말이 잘
못된 것이오. 임제의 말은 참으로 적확한 주장이외다. 제왕(帝王),
제후(諸侯), 장수(將帥), 재상(宰相)이 어찌 씨가 따로 있겠소? 사람
이 이 세상에 태어나서 누군들 천자가 될 수 없겠소? 했습니다."

주상이 승지를 돌아보며 일러 말했다.

"이 말을 들으니 그가 천하의 역적임을 알겠느니라."

"신(臣)이 또 아뢰옵건대, 정여립(鄭汝立)을 체포하려 했을 때 건장한 남자는 활·화살·칼·창을 들고 연약한 여자는 몽둥이를 들고서 부르지 않아도 메아리처럼 응하였으니, 민심이 천벌을 함께 도운 것을 볼 수 있습니다. 이는 지난날 경연(經筵)에서 인심이 선하지 못하여 역적을 돕는 자가 많다는 하교가 있으셨기 때문에 신(臣)의 대답이 미친 것이옵니다."

마침내 물러나 삼청동(三淸洞)에 돌아오니 이미 헤어지고 없었다.

一日.

張幕于三淸洞[1], 都監堂上齊會, 將差書吏[2]·使令[3]·錄事[4]·醫員·畵員, 李·韓兩令公[5]未及到, 以命牌[6]招之, 余承命進于昌德宮[7], 則閤門[8]外承旨·史官已齊伏矣. 余進參而不知緣何事命招, 欲問於承

---

1   三淸洞(삼청동): 서울특별시 종로구 경복궁 뒤에 있는 마을 이름.

2   書吏(서리): 조선시대 경아전의 하급 서리. 상급 서리인 錄事와 함께 주로 書册의 보관, 刀筆의 임무 등을 맡았던 경아전에 속하는 하급 서리였다.

3   使令(사령): 조선시대 관청에 딸린 하졸.

4   錄事(녹사): 조선시대 중앙 관서의 상급 서리직 관직.

5   令公(영공): 조선시대 종2품·정3품 당상관의 품계를 가진 관인을 높인 칭호. 벼슬아치들끼리 서로 높여 부르는 말이기도 하다.

6   命牌(명패): 조선시대 임금이 3품 이상의 벼슬아치를 부를 때 보내던 나무패. '命' 자를 쓰고 붉은 칠을 한 것으로, 여기에 부르는 벼슬아치의 이름을 써서 돌렸다.

7   昌德宮(창덕궁): 조선시대 역대 임금이 정치하고 상주하던 대궐. 1405년에 지어진 궁궐이다.

旨·史官, 而難於發言。奉敎具宬[9], 顧謂左承旨黃佑漢[10]曰: "閔某
不知今日引對之由, 可說與昨日筵中語也." 黃曰: "可." 具曰: "昨日
李憲國[11]啓曰: '臣見閔某, 言汝立論人皆可以爲天子, 其志可見矣.'
故今日命召矣." 俄而, 上出御宣政殿[12], 承旨以下以次進, 臣繼進。
上問逆賊措捕時事, 對如十月十四日所錄。又問: "汝前日見汝立接
話乎?" 臣對: "以戊子秋, 歷見于銅谷家, 又於昨年三月, 汝立以兵
曹佐郎, 帶本曹邱史[13], 率其姪鄭紀及池景涵, 將往竹島書堂, 到鎭
安縣, 臣出見之, 饋夕飯。汝立懇請饋池景涵, 且請給遊山粮。臣不

---

8 閤門(합문): 便殿의 앞문.

9 具宬(구굉, 1558~1592): 본관은 綾城, 자는 公進. 1583년 별시에 급제하였다.

10 黃佑漢(황우한, 1541~1606): 본관은 尙州, 자는 汝忠, 호는 東山. 1574년 별시문과
   에 급제하여 예문관에 제수된 뒤 三司의 요직을 역임하였다. 호조정랑이 되었다가
   희천군수를 지내고, 곧 사예가 되었다. 1589년 승정원좌부승지, 1591년 도승지에
   올랐으며, 1594년 聖節使가 되어 명나라에 다녀왔다. 곧 이어 경기도관찰사가 되고,
   1596년 좌윤에 부총관을 겸하였다. 1598년 개성유수를 지내고 이듬해 부제학에 오
   른 뒤 동지의금부사가 되었다. 1600년 지중추부사를 지내고 이듬해 강원도관찰사로
   나갔으며, 곧 이어 부제학이 되었다. 1605년 호조참판·병조참판을 지내면서 사옹원
   제조를 겸하였고, 이듬해 대사헌이 되었으나 이 해에 죽었다.

11 李憲國(이헌국, 1525~1602): 본관은 全州, 자는 欽哉, 호는 柳谷. 1551년 별시문과
   에 급제, 예문관검열·사간원정언·경기도사·사헌부장령 등을 역임했으나 권신 尹元
   衡의 異姓近族이라 하여 오해를 받기도 하였다. 그 뒤 사간원사간·승정원 동부승지
   ·도승지·충청도관찰사·동지의금부사 등을 역임하고, 1589년 기축옥사의 처리에
   공을 세웠다. 1592년 임진왜란이 일어나자 형조판서로서 세자 광해군을 호종, 보필
   하였고, 정유재란 때는 좌참찬으로 역임하면서 討敵復讐軍을 모집하여 활약하였다.
   1598년부터 이듬해까지 이조판서를 제수 받았으나 끝내 사양하여 취임하지 않았다.

12 宣政殿(선정전): 창덕궁 안에 있는 便殿.

13 邱史(구사): 임금이 공신이나 宮房 등에 특별히 딸려 준 관노비.

應, 說罷景涵凶悖狀, 汝立搖手止之, 顧謂鄭紀曰: '善別可也.' 食罷
當燭, 又囑曰: '饋景涵飯.' 蓋情意已厚, 不自知其言之出於口也。
臣又不答, 以就寢安歇爲辭而罷。明日出接, 又饋朝飯。汝立曰:
'吾酒戶不狹, 而常患痰証不飮, 今見主人, 不可不飮,' 出坐飯床前,
令酌酒擧盃曰: '主人以京洛甲族, 首登龍榜¹⁴, 出麾而來, 作山僻小
縣, 殊爲可惜.' 多有激發牢籠¹⁵之語。且問漢江龍舟漂失的乎? 臣
答不知。因語次, 及林悌¹⁶平日浪言: '自古以國爲名者, 皆稱天子,
而我國獨不爲, 他日一番必稱天子.' 雖其戲言, 亦可怪也, 汝立曰:
'主人之言誤矣。林悌之言誠確論也。王侯將相, 寧有種乎? 人生天
地間, 孰不能爲天子?'"上顧謂承旨曰: "聞此言, 則知其爲天下之賊
也。'" 臣又啓當捕汝立時, 男壯則持弓矢刀鎗, 女弱則持杖, 不待呼
而響應, 可見民心之共助天討也。此前日筵中, 有人心不淑, 助逆者
多之敎。故臣對及之.'" 遂退還三淸。則已散矣。

---

14 首登龍榜(수등룡방): 과거에 장원급제하여 榜目에 오른 것.

15 牢籠(뇌롱): 籠絡. 남을 마음대로 부리거나 수중에 넣어 마음대로 놀림.

16 林悌(임제, 1549~1587): 본관은 羅州, 자는 子順, 호는 白湖·楓江·嘯癡·碧山·謙
    齋. 1577년 謁聖文科에 급제했다. 禮曹正郎과 知製敎를 지내다가 東西의 당파싸움을
    개탄, 명산을 찾아다니며 여생을 보냈다. 본문에서 언급하는 것은 "온 천하 모든
    나라가 황제라 일컫지 않는 이가 없거늘, 다만 우리나라만이 언제나 일컬을 수 없었
    다. 이같이 누추한 나라에서 태어났으니, 죽는 것을 어찌 애석하게 여길 것이 있겠느
    냐?(四海諸國, 未有不稱帝子, 獨我邦, 終古不能. 生於若此陋邦, 其死何足惜?)"며 임
    종 시에 울지 못하도록 유언으로 남긴 말이다.

4월 2일。

주상이 승정원에 밀지(密旨)를 내려서 삼공(三公) 및 삼사(三司)에
전하여 보도록 하였는데, 그 가운데 정여립(鄭汝立)은 우리나라만의
역적이 아니라 실은 천하의 역적이라는 하교가 있었다.

二日。

上下密旨于政院，令傳示三公[17]及三司[18]，其中有汝立非特我
國之賊，實乃天下之賊之敎。

17　三公(삼공): 조선시대 정1품 관직인 좌의정·우의정·영의정을 합하여 부르던 칭호.
18　三司(삼사): 조선시대 사헌부·사간원·홍문관을 가리키는 말.

만력 경인년 5월
萬曆庚寅五月

5월 15일。

도감(都監)에서 공신들의 등급에 대한 논의를 완료하였다.

十五日。

都監完議功臣磨勘[1]。

---

1   磨勘(마감): 관리들의 성적을 매기던 제도. 관리의 근무 성적을 심사함.

만력 경인년 6월
萬曆庚寅六月

6월 1일。

대신들이 함께 의논하고 들어가 아뢰니, 주상이 승정원에 전교
(傳敎)하였다.

"공일(空日)을 잡아서 대신들을 소집하여 공신들의 등급을 매겨
아뢰라."

나는 이때 창덕궁(昌德宮) 동소(東所)에서 숙직하였는데, 공신도
감(功臣都監)의 녹사(錄事) 이정화(李廷華)가 와서 말했다.

"상산군(商山君, 협주: 朴忠侃의 호이다.)이 소적(小的: 소인. 이정화를
가리킴)에게 대신들이 공신들의 등급을 매기는 자리에 나오라고 하
였습니다."

내가 말했다.

"전지(傳旨: 주상의 분부)를 받들어 행하는 것은 바로 승정원의 일
이지 도감(都監)이 해야 할 바가 아니나, 일이 공신과 관계되기 때
문에 도감에 말한 것인 듯하네. 또 혹시 도감이 마땅히 해야 할 일
이라면 도청(都廳)이나 갓 임명된 당상관이 가서 아뢰어야 하니,

감조관(監造官)도 또한 나아갈 수 없는데 하물며 그대가 녹사(錄事)임에랴."

이정화(李廷華)가 말했다.

"영감께서 일깨워주신 것이 옳습니다. 그러나 상산(商山) 영감이 매번 자신의 소견대로 행하시는지라, 소적(小的: 소인)은 자못 걱정스럽습니다."

내가 다시 생각하고 말했다.

"상산(商山)은 평소 나를 부족하다고 여기니, 지금 만약 돌아가서 나의 말을 그대로 보고하면 반드시 더욱 노할 것이네. 상산(商山)의 명에 의거하여 하는 것이 좋겠네."

이정화가 다시 단정히 앉고서 말했다.

"대신들은 틀림없이 소적(小的)을 미욱하고 변변치 못한 것으로 여기니 어떻게 해야 하겠습니까?"

내가 웃으며 말했다.

"대신들이 어찌 너를 미욱하고 변변치 못한 것으로 여길 까닭이 있겠느냐? 속히 가라."

이정화가 대신들에게 청하러 가지 않고 돌아가 나의 말을 그대로 상산(商山)에게 고하니, 상산(商山)이 매우 못마땅하게 여기며 말했다.

"어떤 나이 어린 당상관이 애써 사리를 이와 같이 깨우쳐주었느냐?

그날 저녁에 승정원에서 7일이 공일(空日)이라고 아뢰었다. 주상이 대신들을 소집하여 공신들의 등급을 정하도록 명하자, 상산(商山)이 몹시 부끄러워하였다.

一日。

大臣同議入啓, 傳于政院曰: "擇空日¹招大臣, 功臣等第²以啓." 余時直昌德宮東所³, 都監錄事李廷華來言: "商山君(朴忠侃君號), 使小的⁴請坐大臣功臣等第矣." 余曰: "傳旨奉行, 乃政院之事, 非都監所當爲, 而事繫功臣, 故言於都監。且或都監當爲, 都廳或曹司⁵堂上往稟, 監造官, 亦不得進, 況爾錄事乎?" 廷華曰: "令監之敎是矣。而商山令監, 每以己見行之, 小的深以爲悶." 余更思之曰: "商山素不足於我, 今若以我言回報, 必加怒矣。依商山令爲之可也." 廷華更坐曰: "大臣必以小的爲迷劣, 奈何?" 余笑曰: "大臣何迷劣汝之有? 速去." 廷華不往請于大臣, 還以余言復于商山, 商山甚不平曰: "何年少堂上, 强曉事如此?" 其日夕, 政院啓七日空也。命招大臣, 功臣等第, 而商山大慚焉。

---

1 空日(공일): 政事가 없는 날.

2 等第(등제): 조선시대 관원의 근무 성적을 조사해 등급을 매기던 제도. 褒貶이나 考課와 같은 인사행정이 이루어지기 위한 1차 평가 작업이었다.

3 東所(동소): 昌德宮 宣仁門 안과 慶熙宮 興化門 안에 있었음.

4 小的(소적): 小人. 자신의 겸칭으로 쓰였다.

5 曹司(조사): 벼슬에 갓 임명되어 일의 경험이 적은 사람을 일컫는 말.

6월 7일。

대신들이 빈청(賓廳)에 모여서 박충간(朴忠侃)·이축(李軸)·한응인
(韓應寅)을 공신1등으로, 나를 비롯한 한준(韓準)·이수(李綏)·조구(趙
球)·남절(南巌)을 공신2등으로, 김귀영(金貴榮)·류전(柳㙉)·유홍(俞
泓)·정철(鄭澈)·이산해(李山海)·홍성민(洪聖民)·이준(李準)·이헌국
(李憲國)·최항(崔恒: 崔滉의 오기)·김명원(金命元)·이증(李增)·이항복
(李恒福)·강신(姜紳)·홍진(洪進)·이정립(李廷立)을 공신3등으로 아뢰
었다. 주상이 말했다.

"한준의 공이 어찌 민 아무개(閔某: 민인백)보다 낮은가? 높여주
는 것이 옳다."

그리하여 한응인 이상을 공신1등으로, 이준 이상을 공신2등으
로, 이정립 이상을 공신3등으로 정하였다. 박충간의 생각으로는
스스로 혼자만 1등으로, 이축과 한응인을 2등으로, 한준 이하를 3
등으로 정하고자 하였지만, 대신들이 듣지 않았다. 양사(兩司)가 홍
진(洪進)은 역적의 괴수 정여립(鄭汝立)과 친밀했다는 것을 주상에게
아뢰어 공신책정에서 삭제되었다.

七日。

大臣會于賓廳[6], 以朴忠侃·李軸·韓應寅爲一等, 以余及韓準·

李綏[7]·趙球·南巘爲二等, 以金貴榮·柳㙉[8]·兪泓·鄭澈·李山海
·洪聖民·李準[9]·李憲國·崔恒[10]·金命元[11]·李增[12]·李恒福[13]·姜

---

7 李綏(이수, 1548~1601): 본관은 全州, 자는 綏之. 1576년 사마시에 합격하여 성균관
  의 추천을 받아 璿源殿參奉이 되었고, 이후 내직으로는 형조·호조·공조의 정랑, 世
  子翊衛司司禦·司僕寺判官 등을 역임하였다. 외직으로는 태인·봉산·단양·고양·삭
  령 등지의 군수를 두루 제수 받았으나 혹 부임하지 못하기도 하였다. 1589년 鄭汝立
  의 음모를 고변한 공로가 있어 平難功臣 2등으로 南溪君에 봉하여졌다. 1598년 부평
  부사로 부임하였고, 이듬해에 고부군수를 지내고 별시문과에 을과로 급제하였으나
  이듬해 죽었다.

8 柳㙉(류전, 1531~1589): 본관은 文化, 자는 克厚, 호는 愚伏. 1554년 별시문과에,
  1556년 文科重試에 급제하였으며, 사가독서하였다. 명종 때 정자·저작·수찬·정언
  ·병조좌랑·교리와 병조·형조의 정랑, 사인 등을 역임하고, 1583년 한성부판윤,
  1585년 우의정에 올랐다. 1588년 謝恩使로 명나라에 다녀온 뒤 좌의정이 되고, 이듬
  해 영의정에 올랐다. 1589년 鄭汝立의 난을 평정한 뒤 平難功臣 2등에 추록, 始寧府
  院君에 추봉되었다.

9 李準(이준, 1545~1624): 본관은 全州, 자는 平叔, 호는 懶眞子·西坡. 1568년 증광
  문과에 급제한 뒤 주서·정언을 거쳐 1581년 헌납이 되고 이어 진주목사·의주목사
  등을 역임하였다. 1589년 鄭汝立의 모반사건이 일어나자 도승지로서 죄인을 다스리
  는데 공을 세워 平難功臣 2등에 책록되고 소城君에 봉하여졌다. 1592년 임진왜란이
  일어나자 運餉使가 되어 명나라 군사의 군량미 조달책임을 맡았으나 병으로 은퇴하
  였다. 그 뒤 한성부좌윤·춘천부사를 거쳐 예조·병조의 참판을 지내고, 1600년 대사
  간이 되었으나 북인 洪汝諄의 일파로 몰려 한 때 파직되었다. 그러나 1600년 안동부
  사·경주부윤으로 복귀하였고, 광해군 때 좌참찬·형조판서·공조판서 등을 역임하
  고 1615년 개성부유수가 되었다. 이어 이조판서에 이르렀으나, 李爾瞻·鄭仁弘 등
  대북의 일파가 계축옥사를 일으키고 仁穆大妃를 유폐하는 등 정사를 어지럽히자 벼
  슬을 버리고 은퇴하였다.

10 崔恒(최항): 崔滉(1529~1603)의 오기. 본관은 海州, 자는 彦明, 호는 月潭. 1566년
  별시문과에 급제하여, 1572년 학유를 거쳐 검열이 되었고, 史局에 뽑혀 직필로써
  金誠一로부터 칭찬을 받았다. 그 뒤 공조·형조의 좌랑, 정언, 해운판관을 지내고,
  경상도사가 되어서는 軍籍을 잘 다스렸다. 1576년 수안군수를 거쳐 1577년 함경
  도암행어사로 나가 그 지방의 饑寒과 국방대책 8조를 상소하였다. 그 뒤 집의·사간
  ·예조참판·대사간·이조참판·한성판윤·대사헌 등을 거쳐 1590년 이조판서가 되었

紳¹⁴·洪進·李廷立¹⁵爲三等以啓。上曰: "韓準之功, 豈下於閔

다. 그간에 1583년에는 성절사로, 1589년에는 謝恩副使로 명나라에 다녀오기도 하
였다. 平難·光國 공신에 각각 3등으로 녹훈되고 海城君에 봉하여졌다. 1592년 임진
왜란 때에는 평양까지 선조를 호종하였으며, 왕비와 세자빈을 陪從, 희천에 피난하
였고, 이듬해 檢察使가 되어 왕과 함께 환도하여 좌찬성·世子貳師로 지경연사를 겸
하였다.

11 金命元(김명원, 1534~1602): 본관은 慶州, 자는 應順, 호는 酒隱. 1561년 식년문과
에 급제해 홍문관정자가 되고 이어 著作·博士에 승진하였다. 다시 부수찬이 되었으
며 헌납·지평·교리·수찬 등을 역임하였다. 1568년 종성부사가 되었고, 그 뒤 동래
부사·판결사·형조참의·나주목사·정주목사를 지냈다. 1579년 의주목사가 되고 이
어 평안병사·호조참판·전라감사·한성부좌윤·경기감사·병조참판을 거쳐, 1584년
함경감사·형조판서·도총관을 지냈다. 1587년 우참찬으로 승진했고, 이어 형조판서
·경기감사를 거쳐 좌참찬으로 지의금부사를 겸했다. 1589년 鄭汝立의 난을 수습하
는 데 공을 세워 平難功臣 3등에 책록되고 慶林君에 봉해졌다.

12 李增(이증, 1525~1600): 본관은 韓山, 자는 可謙, 호는 北崖. 1560년 별시 문과에
급제해 승문원정자에 보임되었다가 홍문관의 정자·박사·수찬·교리를 역임하였다.
이어 持平, 사간원의 正言·헌납 등을 차례로 역임하고, 육조의 관직도 두루 거쳤다.
外任으로는 함경도북평사·경기도사를 지냈다. 1568년 遠接從事가 되어 중국의 사
신을 맞이하였다. 1573년 이조정랑·검상·사인·집의·전한·직제학을 거쳐 승지에
이르렀다. 내직으로는 병조·호조·형조의 참의와 판결사 및 도승지를 지냈고, 외직
으로는 황해·충청·전라·경상 4도의 관찰사를 지냈다. 1589년 대관의 장으로 鄭汝
立獄事 국문에 참여하는 공을 세워, 이듬해 平難功臣 3등에 책록되고 鵝川君에 봉해
졌다. 이해 聖節使로 중국에 다녀왔다.

13 李恒福(이항복, 1556~1618). 본관은 慶州, 자는 子常, 호는 弼雲·白沙. 임진왜란
때 선조를 따라 의주로 갔고, 명나라 군대의 파견을 요청하는 한편 근위병을 모집하
는데 주력했다. 1598년 陳奏使로 명나라를 다녀왔다. 1602년 오성부원군에 진봉되
었다.

14 姜紳(강신, 1543~1615): 본관은 晉州, 자는 勉卿, 호는 東皐. 1577년 별시문과에
장원으로 급제하였다. 1589년 問事郎으로 鄭汝立獄事의 처리에 참여하여 平難功臣
3등에 책록되고 晉興君에 봉해졌다. 이조낭관·홍문관직을 역임하고, 1592년 승지
로 있다가 임진왜란이 일어난 뒤 강원도관찰사로 임명되었고, 다시 강원도순찰사를
거쳐 1594년 도승지, 1596년 西北面巡檢使와 대사간을 역임하였다. 정유재란 때 명
나라 군사와 함께 왜군을 격퇴한 뒤에 1602년 경기도관찰사, 1609년 우참찬, 다음해

某? 可上之." 韓應寅以上爲一等, 李準以上爲二等, 李廷立以上
爲三等。忠侃之意, 自欲獨爲一等, 李軸·韓應寅爲二等, 韓準
以下爲三等, 大臣不聽。兩司以洪進親切於逆魁, 啓削。

6월 12일。

공신책정에 대한 주상의 비답(批答: 재가)이 사간원(司諫院)에 내
려졌다. 국청(鞫廳)에 참여한 여러 신하들의 공을 삭제하도록 청한
것을 여러 달을 두고 논쟁과 고집을 하다가 윤허를 받은 것이다.

사간원에서 나의 공을 삭제할 것을 아뢰었던 것이다. 대개 박충
간(朴忠侃)이 바라는 대로 되어 기고만장해지면서 이축(李軸)과 한응
인(韓應寅)을 턱으로 가리켜 마음대로 부리며 노예처럼 보았는데,
이축과 한응인도 머리를 숙이고 명을 들을 뿐 감히 거슬러 보지도
못하였다. 박충간은 생각건대 나에게서도 또한 이축과 한응인 같
기를 바랐던 듯하지만, 나는 매사에 시비를 다투니 박충간이 이에

좌참찬을 역임했다.

15 李廷立(이정립, 1556~1595): 본관은 廣州, 자는 子政, 호는 溪隱. 1580년 별시 문과
에 병과로 급제해 승문원에 들어갔다. 1582년 수찬, 형조참의·좌승지 등을 거쳐,
1589년 기축옥사를 다스린 공으로 平難功臣이 되었다. 장령·집의·응교·직제학을
거쳐, 1592년 임진왜란 때에는 예조참의로 왕을 호종하였다. 병조참판이 되었다가
1593년 부친상을 당해 한 때 관직을 떠났다. 1594년에 한성부좌윤·황해도관찰사를
역임, 廣林君에 봉해졌다.

앙심을 품었다.

어느 날 원종공신(原從功臣)을 책정할 때, 박충간(朴忠侃)이 역적들을 체포한 여러 사람들이 세운 공의 높고 낮음을 스스로 기록하고자 하여, 내가 말했다.

"해서(海西)에서 체포한 일은 세 군수가 한 일이고 나는 진실로 알지 못하니 감히 한마디 말조차도 그 사이에 끼어들 수가 없소. 전라도에서 체포한 일은 또한 내가 해서에서 체포한 일을 알지 못한 것과 같소. 그런데 어찌 권한 밖으로 관여하는 것이오?"

박충간이 크게 화를 내며 말했다.

"지금 이 공신책정의 일은 크고 작음을 막론하고 내가 어찌 주관하지 못할 일이 있다는 것이오?"

마침내 책상을 밀치고 일어나 가서 사간원의 관원에게 부탁하였기 때문에 국청(鞫廳)에 참여한 신하들의 공을 삭제해야 한다는 이 논의가 있었던 것이다.

정언(正言) 윤형(尹洞)이 장관(長官: 대사간)에게 고하지 않고 주상에게 올리는 글 가운데 사사로이 한 구절을 첨가해 말했다.

"10년 뒤에 다시 고칠 바에는 차라리 지금 바로잡는 것이 나을 것이옵니다."

주상에게 아뢴 이 글이 한 번 드러나게 되자, 비난이 떠들썩하였다. 사간원에서 윤형의 체직(遞職)을 아뢰었는데, 또한 아뢰는 글 속에 '역적을 사로잡다가 곤궁하여 어찌할 도리가 없었거늘, 무슨

공훈이 적힐 만하다는 것입니까?'라는 말이 있었다. 주상이 답하여
말했다.

"이른바 곤궁하여 어찌할 도리가 없었던 것은 민 모(閔某: 민인백)
가 곤궁하여 어찌할 도리가 없었던 것이로다."

이 주장을 고집한 지 여러 날이 되어서야 2품 이상이 궁정에서
논의하라고 명했으나, 모두 삭제할 수 없다고 하였다. 최황(崔滉)이
말했다.

"비단 정여립(鄭汝立)을 체포한 사람만 훈적(勳籍)에 올릴 만한 것
이 아니라, 만약 정여립의 시체를 알아낸 사람이 있다면 또한 훈적
에 올릴 만하고, 정여립의 시체가 있는 곳을 가르쳐준 사람도 또한
훈적에 올릴 만합니다."

그러자 주상이 유지(諭旨)를 사간원에 돌려서 논계(論啓)하던 것
을 그만두게 하였다.

十二日。

下批[16]諫院。請削參鞫諸臣功, 累月論執。蒙允。

諫院啓削余勳。蓋朴忠侃, 志滿氣得[17], 頤指[18]李軸·韓應寅,
視之如奴隷, 李·韓亦俯首聽命, 不敢忤視。朴也蓋欲於我, 亦

---

16 下批(하비): 인사임용에 관한 임금의 재가. 신하가 올린 글장에 대하여 임금이 그
   가부를 批答하여 내리던 일.
17 志滿氣得(지만기득): 志滿意得. 바라는 대로 되어서 아주 만족함.
18 頤指(이지): 턱으로 가리켜 시킨다는 뜻으로, 사람을 자유로이 부림.

如李·韓, 余每事爭是非, 朴甚銜之。一日當磨勘原從[19], 朴欲自
錄捕逆諸人功高下。余曰: "海西之事, 三郡守爲之, 余實不知,
不敢措一辭於其間。全羅之事, 亦猶吾之不知海西事也。何可
攙越[20]?" 朴大怒曰: "今此功臣之事, 無論大小, 我豈有不管之事
乎?" 遂推案起去, 囑於諫官, 故有此論也。正言尹泂[21], 不告長
官, 啓辭中私添一節曰: "與其追改於十年之後, 曷若正之於今日
乎?" 此啓一出, 物論[22]譁然。諫院啓遞尹泂, 且啓辭中, '有捕捉
窮蹙[23]之賊。何功可錄'之語, 上答曰: "所謂窮蹙者, 閔某窮蹙
也。"論執屢日, 命二品以上庭議, 皆以爲不可削。崔滉曰: "不但
措捕汝立之人可錄勳, 若得汝立之屍者, 亦可錄勳, 指示汝立之
屍所在處者, 亦可錄勳。"上回諭于諫院, 停啓[24]。

---

19 原從(원종): 조선시대 큰 공을 세운 정공신 이외에 작은 공을 세운 사람에게 주던
　공신 칭호.

20 攙越(참월): 차례를 지키지 아니하고 뛰어넘음.

21 尹泂(윤형, 1549~1614): 본관은 茂松, 자는 而遠, 호는 退村. 1586년 별시문과에
　급제해 권지부정자에 임명되었다. 그 뒤 예문관검열·승정원주서를 거쳐 1588년 정
　언에 이르렀다. 1589년 지평으로 있을 때, 鄭汝立의 모반사건으로 빚어진 기축옥사
　뒤 시행한 논공행상에 불공평을 논하다가 파직되었다. 충훈부 도사로 재기용되어
　형조정랑·성균관사·종부시정·정언 등을 역임하고 1596년 헌납에 이르렀다. 1599
　년 우부승지를 거듭 연임하고, 1603년 공조판서에 임명된 이후 호조판서·판중추부
　사를 지냈으며, 판중추부사 재직 시 임진왜란으로 불탄 실록을 다시 간행할 때에
　지춘추관사로 참여하였다.

22 物議(물의): 의론이 일어난다는 뜻으로, 뭇 사람들의 평판이나 비난을 이르는 말.

23 窮蹙(궁축): 곤궁하여 어찌할 도리가 없음.

24 停啓(정계): 사헌부나 사간원에서 특정인의 죄에 대해 論啓하던 것을 그만둠.

만력 경인년 7월
萬曆庚寅七月

7월 7일。

여러 훈신(勳臣)들에게 상을 내렸다.

국문에 참여한 여러 신하들의 공훈을 삭제한 후로 비난이 떠들
썩하고 뒤숭숭하여 장차 정여립(鄭汝立)의 무리들보다도 좋아하지
않았다. 이산해(李山海)가 박충간(朴忠侃)에게 간곡히 밝혀 공신도감
(功臣都監)으로 하여금 주상에게 아뢰어 도로 훈적(勳籍)에 올릴 것
을 청하도록 하였다. 박충간이 그의 집에서 나를 만나 나로 하여금
주상에게 올릴 글의 초안을 잡도록 하였다. 그 주된 취지는 역신(逆
臣: 반역한 신하)이 진신(搢紳: 벼슬아치들) 사이에서 나와 모두가 옹호
하려다가 옥안(獄案)을 번복하는 논의가 나오기까지에 이르렀지만,
죄수를 심문한 여러 신하들이 새벽부터 밤늦도록 게을리 하지 않고
자세히 캐물으면서 상세히 따져보며 그 실정을 전부 알게 되었다는
것이었다. 주상에게 글월을 올리자 윤허(允許)가 내려져 도로 훈적
에 올렸다.

七日。

頒賞[1]于諸勳臣。

參鞫諸臣削勳之後, 物議紛紛[2], 將不好於汝立同輩。李山海懇
析于朴忠侃, 使功臣都監啓請還錄。忠侃會余於其家, 使余搆
草。其主意, 則逆臣出於搢紳[3]之間, 皆欲營護, 至發翻獄之論, 讞
囚諸臣, 夙夜匪懈, 盤詰[4]詳究, 盡得其情云云。入啓蒙允還錄。

---

1 頒賞(반상): 윗사람이 상을 내림.
2 紛紛(분분): 떠들썩하고 뒤숭숭함.
3 搢紳(진신): 벼슬아치의 통틀어 일컬음.
4 盤詰(반힐): 盤覈. 자세히 캐물음.

만력 경인년 8월
萬曆庚寅八月

8월 25일。

주상이 신구(新舊) 공신들을 거느리고 선무문(禪武門: 神武門의 오기) 밖 맹단(盟壇: 會盟壇)에서 모여 맹세하였다.

二十五日。

上率新舊功臣。會盟[1]于禪武門[2]外盟壇[3]。

8월 26일。

인정전(仁政殿)에서 공신회맹연(功臣會盟宴)을 행하고 교서(敎書)와 말·은화를 하사하였다.

---

1   會盟(회맹): 모여 맹세함. 공신들이 왕에게 충성을 맹세하는 모임으로 왕이 직접 참석하였다.
2   禪武門(선무문): 神武門의 오기. 경복궁의 북문. 이 문 밖의 후원에서 왕이 會盟祭 또는 會盟禮라는 행사를 치렀다.
3   盟壇(맹단): 회맹 의식을 거행하던 제단. 네모난 형태로 會盟壇이라고 하였는데, 경복궁의 북쪽에 있어서 北壇이라고도 불렀다.

교서(教書) : 추충분의협책평난공신(推忠奮義協策平難功臣)

지제교 송상현(宋象賢) 지음

왕은 이르노라.

의리(義理)는 역적을 토벌하는 것보다 더 엄한 것이 없으니 순국한 공을 많이 쏟았고, 정사(政事)는 충성을 표창하는 것보다 더 앞서는 것이 없으니 힘써 상을 주는 은전(恩典)을 거행하는 것이다. 이는 전고(典故)를 살피고 따르는 것이지 함부로 그 사사로운 은총을 내보이는 것이 아니다.

오직 그대들은 태어나면서 뛰어난 재주를 지니고 젊어서 위대한 계략을 지녀 수월하게 과거에 급제하니, 훌륭한 명망이 장원급제자들 중에서 이른 나이에 드날렸도다. 벼슬자리에서 여유롭게 일처리하며 뛰어난 능력을 일찍이 천리마처럼 펼치니, 위엄은 아전을 단속할 수 있었고 공정함은 사람들을 복종시킬 수 있었다. 원대한 일을 경략하고 작은 일도 배려하며 방정하고 원만하여 어느 직임이나 훌륭히 감당할 적임자여서 시의적절하게 사람이 하고자 하는 바를 성취하니, 실로 인재라야 지낼 수 있는 내외의 벼슬을 감당하였도다.

지방관으로 제수했을 때는 바로 충성을 다할 때였도다. 어찌 패역(悖逆)의 변고가 조정의 반열 가까이서 나올 줄 생각이나 했었겠느냐? 적신(賊臣) 정여립(鄭汝立)은 지체가 낮은 반열에서 일으켜 발탁하여 근시(近侍)의 반열에 두었으니, 감싸 길러준 은혜가 깊지 않음이 없었고 대우한 권애(眷愛)가 도탑지 않음이 없었거늘 어찌 알구(猰狗: 사람을 잡아먹는 못된 개)가 주인에게 짖어대고 단호(短狐: 물여우)가 모래를 머금을 줄 생각이나 했었겠느냐?

세상을 속여 헛된 명성을 도둑질하고 하늘까지 닿을 만한 커다란 죄악을 쌓았으니, 어찌 다만 시경(詩經)과 예기(禮記)에서 말을 빌려 자신의 간교함을 꾸미고 남의 무덤만을 파헤치는 자이었겠느냐? 진작부터 나라에 화를 끼치고자 남쪽 고을에 소굴을 만들고 해서(海西)에 도망자와 배반자들을 불러들여, 반역의 뜻을 이루려고 몰래 흉악한 무리들과 결탁하여 요사스런 도참(圖讖)을 칭탁하고서 여러 사람의 귀를 현혹시켰다.

널리 당원(黨援: 동류)을 심어놓고는 근거 없는 말을 지어내서 반역을 도모하기로 몰래 날짜와 시기를 약속하였는데, 다행히 하늘을 오르내리는 조종조의 영혼과 천지신명의 도움에 힘입어 패망의 기미가 임박하자 조종조 영혼들의 주벌(誅罰)이 이미 미쳤고 간악한 모의로 기회를 엿보려하자 천벌이 먼저 가해졌으니, 진실로 국법을 피하기가 어려운 것을 알리로다.

이런 극악한 죄를 짊어지고서 어디로 간들 금세 속수무책으로 장례를 치르게 될 지경이 되자, 감히 사방으로 둘러싼 관군에게 대항하면서 도리어 비밀이 누설되지 않게 하고 자취를 감추고자 잔인

하게도 한 칼로 혈족을 찔렀으니, 진실로 정집(鄭緝)을 체포하는 계
책을 찾아내지 않았더라면 어찌 저 대대(大憝: 역적)가 죄를 순순히
인정하는데 이르렀으랴.

정여립(鄭汝立)이 도주한 초기에 있어서는 인심이 소란스러워 진
정되지 못하였는데, 저들을 체포하여 잡아들인 이후로는 나라의
형세가 버텨서 이기고 다시 안정되었으니, 이는 누가 그렇게 하였
으랴? 이에 그 공적을 가상히 여기노라. 기쁨이 이미 종묘사직[九
廟]에 넘쳐나는데, 경사스러운 마음이 어찌 나에게서 그치겠는가?
그대들이 아니었다면 사람들 모두 온전하지 못했을 것이고, 닥쳐
올 화를 예측할 수 없었을 것이다. 그러므로 내가 상을 내리는 것이
과분하지 않아야 하고 노고에 대한 보답과 관계되어야 하는 일인
데, 만일 차례에 따라서 벼슬을 준다면 보통 사람들과 무엇이 다르
겠느냐?

쇠붙이나 돌에 새겨도 훌륭한 명예를 다 밝히지 못할 것이고,
온 천지를 다하여도 그 큰 공적을 비교하지 못할 것이다. 한(漢)나
라를 책봉한 것은 유독 덕을 높이는 대의를 표창하는 것만이 아니
었고, 주(周)나라 왕실의 땅을 나누어 제후(諸侯)로 봉한 것은 실로
또한 후세 사람을 권면하는 책략을 펼친 것이었으니, 이에 그대들
의 공훈을 책정하여 평난공신(平難功臣) 2등으로 삼노라. 형상을 그
림으로 그려 후세에 전하되 두 품계를 뛰어넘게 하고, 부모와 처자
에게 작위를 내리되 두 품계를 뛰어넘게 하며, 적장자가 세습하여

그 녹봉을 잃지 않게 하고 영원히 대대로 죄를 용서토록 하라.

아들이 없으면 생질과 사위에게 두 품계를 올려주라. 그리고 반당(伴倘: 호위병) 6명, 노비 9명, 구사(邱史: 관노비) 4명, 밭 80결, 은자 30냥, 표리(表裏: 옷감) 1단, 내구마(內廐馬) 1필을 하사하니, 도착하거든 받도록 하라.

아, 널리 나라의 어려움을 구제하여 도로 형통하고 태평한 운을 만났으니 기쁨과 슬픔을 함께하고 좋든 궂든 변치 않는 마음이 견고하기를 바라노라. 고로 이에 교시하노니 마땅히 잘 알았으리라 생각노라.

二十六日。

行功臣會盟宴⁴于仁政殿, 賜敎書·廐馬·銀幣。

教推忠奮義協策平難功臣

　　　　　通政大夫掌隷院⁵判決事⁶閔仁伯書⁷

　　　　　　　知製敎⁸宋象賢⁹製

4　功臣會盟宴(공신회맹연): 공신들이 모여 맹세한 후에 여는 잔치. 공신회맹에 참석한 왕세자, 공신과 그 자손 등이 나라의 은혜를 갚기에 힘쓰고, 공신 자손 간에도 골육처럼 함께 합심할 것을 천지, 종묘, 사직, 산천의 신에게 맹세의 글인 맹세문에 수결을 하였다.

5　掌隷院(장례원): 조선시대 노비의 簿籍과 소송에 관한 일을 관장하던 정3품 관청.

6　判決事(판결사): 조선시대 掌隷院의 정3품 관직.

7　이 행은 공신교서에 민인백 후손들이 첨입한 것인 듯. 번역하지 않는다.

8　知製敎(지제교): 조선시대 왕에게 敎書 등을 기초하여 바치는 일을 담당한 관직.

王若曰。義莫嚴於討逆, 居多循國[10]之功, 政莫先於褒忠, 式
擧懋賞之典。玆考循於故實, 非顯示其私恩。唯爾生有軼才, 少
負偉略, 摘髭[11]金榜[12], 美稱夙擅於龍頭[13]。游刃[14]銅章[15], 異能曾
展乎驥足[16], 威可以束吏, 公可以服人。經遠慮微, 蔚爲方圓幹
局[17]之用, 造機成務, 實堪中外器使[18]之方[19]。粵予分憂[20]之辰,

9　宋象賢(송상현, 1551~1592): 본관은 礪山, 자는 德求, 호는 泉谷. 1576년 별시문과
　에 급제, 승문원정자에 보임되고, 著作·博士에 陞任되었다. 이후 承政院注書 겸 春
　秋館記事官에 임명되었다가 경성판관으로 나갔다. 1583년 사헌부지평으로 들어와
　예조·호조·공조의 정랑이 되었다. 이듬해부터 두 차례에 걸쳐 宗系辨誣使의 質正官
　으로 명나라에 다녀왔으며, 다시 지평이 되었다가 銀溪道察訪으로 좌천되었다. 그
　뒤 다시 지평을 지내고 배천군수로 나갔다가 3년 만에 전직되어 經歷·집의·사간과
　司宰監·軍資監의 正이 되었다. 1591년 동래부사가 되었다. 1592년 임진왜란이 일어
　나 동래부사로서 동래성을 지키다 전사하였다.

10　循國(순국): 徇國의 오기. 나라를 위해 몸을 바침.

11　摘髭(적자): 아주 쉽게 과거 급제한 것을 비유한 말. 韓愈가 崔立之에게 부친 시에
　"해마다 과거 급제를 따내되 턱 밑의 수염을 뽑듯 하누나.(連年收科第, 若摘領底
　髭.)"한 데서 온 말이다.

12　金榜(금방): 과거에 급제한 사람의 이름을 쓴 방을 이르던 말.

13　龍頭(용두): 용의 머리. 장원급제.

14　游刃(유인): 고기를 자를 때 고기 토막과 토막 사이의 틈바구니에 칼을 마음대로 놀
　리는 것. 곧 일을 처리하는 데 조용히 여유가 있는 모양.

15　銅章(동장): 구리 도장. 벼슬자리. 漢나라에서 6백 석 이상의 녹봉을 받는 벼슬아치
　가 가졌다고 한다.

16　驥足(기족): 준마의 走力이란 뜻으로, 뛰어난 재능을 가리키는 말.

17　幹局(간국): 일을 능숙하게 처리하는 재간과 능력.

18　器使(기사): 사람을 才器에 따라 알맞은 자리에 등용함.

19　方(방): 官의 오기인 듯.

20　分憂(분우): 分憂之職. 임금의 국사를 나누어 걱정하는 벼슬이란 뜻으로, 지방관을
　이르는 말.

正爾效忠之日。何期悖逆之變, 近出法從²¹之班? 賊臣鄭汝立,
起縶下列, 擢寘邇聯, 卵育之恩²², 不爲不深, 待遇之眷, 不爲不
厚, 豈意獷狗吠主, 短狐²³含沙? 竊欺世之虛名, 蘊滔天之巨惡,
豈但發塚於詩禮²⁴? 久欲貽禍於家邦, 作爲窟穴於南州, 招納亡
叛²⁵於西海, 稔成異志, 潛結凶徒, 託妖讖而惑衆聽。廣植黨
援²⁶, 造訛言而謀不軌²⁷, 陰約日期, 幸賴祖宗陟降之靈, 天地神
明之助, 禍機臨發而陰誅已及²⁸, 姦謀欲闖而天討先加, 固知漢

21　法從(법종): 임금을 호종하는 것. 또는 관리로서 조정에 서는 것을 말함.

22　卵育之恩(난육지은): 닭이 알을 품듯 길러준 은혜.

23　短狐(단호): 모래를 머금어 사람에게 쏘는 괴물. 이 괴물이 쏜 모래를 맞으면 몸에
　　쥐가 나고 머리가 아프고 열이 나며 심하면 죽었다.

24　發塚於詩禮(발총어시례): 선비들이 시서와 성현의 말을 빌려 자신의 간교함을 꾸미
　　는 것을 일컫는 표현.《莊子》의 "儒者가《詩經》과《禮記》를 근거로 하여 남의 무덤을
　　도굴하였다. 大儒가 무덤 위에서 아래쪽에 대고 말하기를, '동녘이 환하게 밝아 온
　　다. 일이 어떻게 되어 가느냐?' 하니, 小儒가 무덤 속에서 말하기를, '시신의 옷을
　　아직 다 벗기지 못하였습니다. 입속에 구슬이 있습니다.' 하자, 대유가 말하기를,
　　'《시경》에도 본디 이르기를,「푸르고도 푸른 보리가 무덤가에서 자라고 있네. 살아
　　서 은혜를 베풀지도 아니했는데, 죽어서 어찌 구슬을 물겠는가.」하였다. 그놈의
　　머리를 잡고 그의 턱수염을 누른 다음 쇠망치로 그놈의 턱을 쳐서 천천히 그의 볼까
　　지 벌린 다음 입속의 구슬이 다치지 않도록 잘 꺼내거라.' 하였다.(儒以詩禮發冢,
　　大儒臚傳曰: '東方作矣。事之何若?' 小儒曰: '未解裙襦。口中有珠.' '詩固有之曰:「靑
　　靑之麥, 生於陵陂。生不布施, 死何含珠爲?」接其鬢, 壓其顪, 儒以金椎控其頤, 徐別
　　其頰, 無傷口中珠.')"라고 한 데서 나온 말이다.

25　亡叛(망반): 도망자와 배신자.

26　黨援(당원): 도움이 되는 동류. 외부에서 그 당파를 돕는 사람.

27　不軌(불궤): 모반을 꾀함. 국가의 법을 지키지 아니함.

28　陰誅已及(음주이급): 唐나라 高騈이 都統使로서 黃巢를 토벌할 때 최치원이 고변을
　　대신하여 격문을 지어 황소에게 보냈는데, 황소가 격문을 보다가 "천하 사람이 모두

法之難逃。負此極惡而焉往, 旋見束手而送死[29], 敢抗四匝之官
兵, 反欲滅口[30]而藏蹤, 忍剚一劍於血屬, 苟非緝捕之得策, 曷致
大憝[31]之伏辜[32]? 方其在逃之初, 群情驛騷而靡定, 逮夫斯得以
後, 國勢抗捏而復安, 是誰使然? 嘉乃之績。懽已騰於九廟[33], 慶
豈止於眇身[34]? 微爾人盡非[35], 禍將叵測。肆予賞不僭, 事係酬
勞。如或循次而官之, 何有與衆而異者? 勒金石不足昭慶譽, 罄
天地不足較膚功[36]。錫命[37]漢家, 非獨表崇德之義, 疏封[38]周室,
實亦展勸來之規, 肆策爾爲平難功臣二等。圖形垂後, 超二階,
爵父母妻子, 超二階, 嫡長世襲, 不失其祿, 宥及永世。無子則

너를 죽이려고 생각할 뿐만 아니라, 아마 땅 속의 귀신까지도 가만히 베어 죽이려고
의론하리라.(不惟天之人皆思顯戮, 兼恐地中之鬼已議陰誅。)"한 구절에 이르러 놀라
앉았던 걸상에서 떨어졌다는 고사에서 나오는 말.

29 送死(송사): 送終. 장례를 치름.

30 滅口(멸구): 입을 없애어 말이 나지 않게 한다는 뜻. 비밀리 한 일이 드러나지 않게
    하기 위하여 그 비밀을 아는 사람을 가두거나 빼돌리거나 죽임을 이르는 말이다.

31 大憝(대대): 큰 악인.

32 伏辜(복고): 伏罪. 죄를 순순히 인정함.

33 九廟(구묘): 중국 황실에서 종묘 제사를 지내고 조상의 신위를 안치하는 장소. 여기
    서는 宗廟社稷의 뜻으로 쓰였다.

34 眇身(묘신): 작은 몸이란 뜻으로, 자기 자신을 겸손하게 표현하는 말.

35 微爾人盡非(미이인진비): 杜甫의 〈北征 五〉 "네가 아니었다면 사람이 다 글렀을 것이
    고, 이제 이르러 나라가 더욱 활력이 돌아났네.(微爾人盡非, 于今國猶活。)"에서 나오
    는 말.

36 膚功(부공): 큰 공훈. 큰 공적.

37 錫命(석명): 임금이 내리는 명령을 말함. 대개 제후에게 國王 등을 책봉하는 의미로
    쓰인다.

38 疏封(소봉): 천자가 땅을 나누어서 제후를 봉함.

甥姪女壻超二階。仍賜伴倘[39]六人, 奴婢九名, 邱史[40]四名, 田八
十結, 銀三十兩, 表裏[41]一段。內廐馬一匹, 至可領也。於戲! 弘
濟艱難, 還逢亨泰之運, 與同休戚[42], 庶堅夷險之心。故玆敎示,
想宜知悉。

---

39 伴倘(반당): 조선시대 종친·공신·당상관들에게 그 특권을 보장하고 신변 안전을 도
    모하기 위해 지급한 호위병.
40 邱史(구사): 임금이 공신이나 宮房 등에 특별히 딸려 준 官奴婢.
41 表裏(표리): 임금이 신하에게 내리거나 신하가 임금에 바치는 옷의 겉감과 안찝.
42 休戚(휴척): 기쁨과 걱정.

만력 경인년 9월
萬曆庚寅九月

9월 8일。

공신들에게 그들의 공훈을 기록한 문권을 나누어 주고, 태평관
(太平館)에서 잔치를 열었다.

八日。

賜分券[1], 宴于太平館。

1　分券(분권): 공신들에게 나누어준 공신들의 공훈을 기록한 문권.

만력 경인년 11월
萬曆庚寅十一月

11월 10일。

주상이 전교(傳敎)하였다.

"내일은 바로 공신을 책봉한 후에 맞이하는 짐의 생일이다. 한 잔 술이라도 내리고자 하니, 공신들로 하여금 모두 궁궐의 뜰에 모이도록 하라."

다음날 아침 일찍이 광국(光國)과 평난(平難)의 양 공신들이 모두 인정전(仁政殿)의 뜰에 모였다. 주상이 승전색(承傳色) 김양보(金良輔)·김기문(金起文)에게 나아가 접대하게 하였는데, 아주 취하기로 하였다. 중전이 또 퇴선(退膳: 수랏상에서 물린 음식)을 하사하였다. 이미 취한 뒤에 부원군(府院君) 6명에게는 각기 진상마(進上馬)를 하사하였고, 그 나머지 사람들에게는 각기 큰 사슴가죽 1장씩을 하사하였다.

十日。

傳曰: "明日, 乃予封功臣後初度[1]也。欲賜一杯, 令功臣齊會于闕庭." 翌早, 光國[2]·平難[3], 兩功臣。齊會于仁政殿庭。上命承

傳色⁴金良輔·金起文出接，期以盡醉。中殿又賜退膳⁵。旣醉之
後，府院君六員則各賜進上馬，其餘各賜大鹿皮一張。

11월 12일。

삼공(三公: 영의정·좌의정·우의정)이 이정립(李廷立)으로 하여금 사
전(謝箋: 감사의 글)을 짓도록 하였지만 사전(謝箋)의 말이 절실하지
가 않자, 삼공이 다시 지어서 올리니 또 술을 하사하였다.

十二日。

三公令李廷立製謝箋⁶，箋語不切。三公更製以進。又賜酒。

1　初度(초도): 생일. 宣祖는 1552년 11월 11일 漢城 仁達坊에서 태어났다.

2　光國(광국): 1590년에 尹根壽 등 19명에게 내린 勳號. 중국의 明나라에서 잘못 기록
했던 朝鮮의 宗系를 바로잡았던 사건이다. 명나라에서 편찬했던 《大明會典》 등에
조선의 태조 李成桂가 고려 말의 權臣이었던 李仁任의 후손으로 잘못 기록되었는지
라, 조선 정부는 여러 차례 사신을 파견하여 바로 잡아 줄 것을 요청했는데, 마침내
宣祖 때 종계를 개정하는 데 성공한바, 이를 宗系辨誣라고 했다.

3　平難(평난): 1589년 鄭汝立의 모반을 평정하는 데 공을 세운 사람에게 내린 칭호
또는 그 칭호를 받은 사람. 1590년 8월 15일에 임금은 이들에게 교서를 내리고, 功臣
會盟祭를 열어 특전을 베풀었다.

4　承傳色(승전색): 조선시대 內侍府에 소속된 관직. 내시부는 궁궐 내의 監膳·傳命·
守門·掃除 등의 임무를 담당하였는데, 승전색은 그 중 왕과 왕비의 명령 전달 임무
를 맡았다.

5　退膳(퇴선): 임금의 수라상에서 물려낸 음식을 이르던 말.

6　謝箋(사전): 임금에게 올리는 감사의 글.

만력 신묘년 윤3월
萬曆辛卯閏三月

윤3월 8일。

공신들에게 화상(畵像)을 나누어주고, 잔치가 충훈부(忠勳府)에서 열렸다.

이보다 앞서 계미년(1583)에 율곡(栗谷: 이이) 선생이 병조판서가 되어 주상의 신임이 날로 높아졌다. 당시의 유명 인사들은 동인과 서인을 씻어버릴까 두려워하였는데, 대사간 송응개(宋應漑)와 옥당(玉堂) 허봉(許篈)이 이이(李珥)가 권세를 제 마음대로 휘두르려 한다면서 탄핵하고 이어 소인으로 지목하였다. 우계(牛溪: 성혼) 선생이 임금의 부름을 받아 한양에 있다가 상소하여 분명히 이이를 분변하니, 이에 주상이 명하여 송응개 등을 귀양 보냈다.

율곡이 탄핵을 받아 해주(海州)로 돌아갔는데, 이때 정여립(鄭汝立)이 전주(全州)에 있다가 개연히 말했다.

"이는 바로 기묘년(1579)의 여러 간신들이 사림을 일망타진하던 수단이다."

이렇게 말하며 상소문을 올려 이이(李珥)의 죄 없음을 밝히고 구원하고자 했으나, 송응개(宋應漑) 등이 귀양 갔다는 소식을 듣고서 말했다.

"이야말로 주상께서 크신 덕(德)으로 베푼 일이로다."

정여립(鄭汝立)이 뜰 앞의 감나무의 열매를 가리키며 말했다.

"이미 다 익은 것은 공자(孔子)요, 반쯤 익은 것은 율곡(栗谷)이다."

이해 9월과 11월의 편지에 율곡을 지나치게 추켜올리는 말이 모두 있었다. 그러나 갑신년(1584) 1월에 율곡이 죽자마자 배반하여 이미 절교했었다고 말하니, 상하가 다 침을 뱉어가며 정여립을 욕하였지만 이발(李潑) 형제만 정여립이 옳다고 하고서는 추앙하고 존중하면서 왕래하였다.

을유년(1585) 의주 목사(義州牧使) 서익(徐益)이 상소하였는데, 정여립의 언행이 줏대 없이 이랬다저랬다 바뀌는 것을 논한 글이었다. 이에 앞서 정여립이 관직을 버리고 고향으로 돌아와서는 글 읽는 것으로 명분을 삼았는데, 우계(牛溪)와 율곡(栗谷) 두 선생이 당시 유림(儒林)의 종장(宗匠)이라는 것을 듣고 또한 일찍이 왕래하며 학문을 배운 적이 있었다. 율곡이 죽은 뒤에 정여립이 한양으로 들어갔는데, 시속의 논의가 바야흐로 두 선생을 공격하는 것을 보고 이에 경연(經筵)에서 몹시 율곡을 헐뜯었다. 시속의 무리들은 정여립(鄭汝立)이 자신들에게 빌붙는 것을 기뻐하여 정여립을 당대 제

일의 명사라고 칭하였다. 그리하여 서익(徐益)이 상소를 올려 정여립이 사적으로 주고받은 편지에서 율곡(栗谷)을 추켜 올린 것을 찾아내어 그의 사특함을 드러낸 것이었다. 이에, 삼사(三司)가 함께 일어나 서익이 정철(鄭澈)을 편들었지만 실은 심의겸(沈義謙)을 구원하려는 것이었다고 하였다.

이어서 양사(兩司)가 심의겸 및 결탁한 사람들을 논핵했지만, 아울러 사림(士林)들에게 화를 끼친다고 하였는데, 주상이 결탁한 사람에 대해 묻자, 양사(兩司)가 우계(牛溪)와 율곡 두 선생 및 박순(朴淳)·박응남(朴應男)·박점(朴漸)·윤두수(尹斗壽)·신응시(辛應時)·이해수(李海壽)·김계휘(金繼輝)·홍성민(洪聖民)·구봉령(具鳳齡)을 들어 대답하였다. 주상이 심의겸의 관작을 삭탈하고, 조정에 그 죄상을 쓴 방(榜)을 내걸도록 명하면서 우계와 율곡 두 선생 및 송강(松江: 정철)의 이름을 나란히 적어 당인(黨人: 패거리)이라고 하였다.

최영경(崔永慶)은 남명(南冥) 조식(曺植)의 문인이다. 초년에는 우계 선생이 크게 칭송하였으나, 나중에는 마침내 이발(李潑)·이길(李洁)·정여립(鄭汝立)·정인홍(鄭仁弘) 등과 서로 안팎이 되어서 도리어 거꾸로 율곡을 헐뜯었다. 기축년(1589) 정여립의 역모사건에 이르러는 적도들의 공초(供招) 가운데 길삼봉(吉三峯)이 최영경이라는 설이 원근에 전파되자, 전라도·경상도의 감사(監司, 전라감사 洪汝諄, 경상감사 金睟)·병사(兵使, 경상병사 梁士瑩)가 왕명을 기다리지도 않고 그를 잡아다 가두고 주상에게 아뢰었다. 우계(牛溪) 선생이 송강(松江, 협주: 살피건대 송강이 이때 委官이었다.)에게 편지를 보내어 말했다.

"최영경(崔永慶)이 부모에게 효도하고 형제에게 우애하는 깨끗한 행실로 어찌 역모에 가담했을 리가 있겠소? 모름지기 힘써 구원하여 풀어주어야 할 것이오."

송강이 이에 탑전(榻前)에서 여러 차례 그 마음을 펼쳤으나, 주상이 최영경을 몹시 미워하여 마침내 옥중에서 죽었다.

그 뒤 신묘년(1591) 송강이 강계(江界)에 유배 보내졌다. 대사간(大司諫) 홍여순(洪汝諄)이 주상에게 아뢰기를, "길삼봉(吉三峯)이 최영경이라는 설은 반드시 정철(鄭澈)이 양천경(梁千頃)을 사주하여 만들어 낸 것이오니, 청컨대 양천경을 잡아들이소서."라고 하였다. 양천경은 누차 엄한 형벌을 받고서 거짓으로 자백하고 죽었다.

대사간 김우옹(金宇顒)이 주상에게 아뢰기를, "정철이 최영경을 얽어서 죽여 놓고 겉으로는 구제하려는 듯이 하였으니, 청컨대 그의 관작을 삭탈하소서."라고 하였다. 주상이 이를 윤허하였고, 최영경을 대사헌에 추증하였다.

(협주: 살피건대 홍여순은 이때 전라도 감사였고 김수(金睟)는 이때 경상도 도백이었는데, 최영경을 잡아가두고 문서를 수색하여 의금부에 잡아들였다. 때마침 송강(松江)이 위관(委官)을 맡고 있으면서 최영경(崔永慶)을 힘써 구제하였다. 주상께서 정여립(鄭汝立)이 최영경에게 보낸 편지 및 최영경의 책상

자 속에서 나온 익명시(匿名詩)를 내려 보냈는데도, 송강이 처음부터 끝까지 최영경을 위해 변명하고 구제하려 한 것이었다. 주상은 뜻이 약간 풀리자 최영경을 석방하도록 명하였다. 최영경이 재차 나포되기에 이르러 류성룡(柳成龍)이 위관이 되었는데, 오성(鰲城: 이항복)이 최영경을 구제하려는 생각을 힘껏 말했으나 류성룡이 구하지 못하여 최영경은 끝내 옥중에서 죽었다. 이때 이산해(李山海)의 당인(黨人)들이 송강을 죄에 얽어 넣으려고 송강이 최영경을 얽어 죽였다면서 양천경(梁千頃)을 잡아가도록 청하였다. 홍여순(洪汝諄)이 마침 의금부에 있었는데, 스스로 죄가 자기에게 미칠까 두려워하여 엄히 혹독한 형벌을 가하였기 때문에 거짓으로 자백하고 죽게 되었다. 아마도 양천경은 일찍이 최영경의 처조카 정대성(鄭大成)과 함께 한양에 살았던 것 같다. 정대성은 여러 역적들의 공초(供招) 가운데 길삼봉(吉三峯)은 나이가 5,60세쯤 되고, 얼굴이 여위고 길며, 수염은 배를 지날 만큼 자랐으며, 말할 때마다 천식이 난다고 했다는 것을 듣고는 크게 놀라서 말하기를, "이러한 모습은 완연히 우리 최 사축(崔司畜: 최영경) 아저씨인 듯하다."라고 하였다. 양천경은 이 말을 듣고 수많은 사람들 속에서 크게 외쳐 말하기를, "최영경이 실은 길삼봉이다."라고 하였다. 이것으로써 양천경의 옥안(獄案)으로 삼았던 것이다.)

그 뒤 임인년(1602)에 주상이 정인홍(鄭仁弘)을 불러 대사헌으로 삼았다. 정인홍이 주상의 부름을 받고 나아가 상소하여 우계(牛溪)를 크게 배척하고 심지어 말했다.

"간사한 정철(鄭澈)을 몰래 사주하여 고명하고 현명한 이(협주: 최영경)를 죽여 나라의 명맥을 해치고 우리 사림을 욕되게 한 자니, 풍신수길(豐臣秀吉)에 견줄 만합니다."

또 말했다.

"'안에서 의관 쓴 도둑이 있은 후에 밖으로 창칼을 가진 도둑이 있다.' 하였으니, 임진년 왜적의 변란은 참으로 안에 있는 도둑이 부른 것입니다."

또 말했다.

"이제 그 무리들이 사라지지 않아 신(臣)이 비록 사류(士類)를 붙들어 세우고 공론을 신장하려 하여도 도저히 될 수 없을 것입니다."

이에 앞서 대간(臺諫) 홍이상(洪履祥)·정광적(鄭光績)이 상소하여 송강(松江)과 우계(牛溪) 두 선생을 배척하였고, 권이희(權而禧: 權憘의 오기)·정곡(鄭穀)·최충원(崔忠元)·문경호(文景虎, 협주: 정인홍의 문객) 등이 더욱 심하게 무고하여 그들의 관직을 삭탈하도록 청하였다. 이때에 이르러 주상이 전교(傳敎)하였다.

"성혼(成渾)은 몸을 산림에 의탁하여 세상을 속이고 이름을 도둑질한데다 정철(鄭澈)은 천고의 간흉인데 그와 합하여 한 몸이 되었으니, 성혼은 곧 정철의 모주(謀主)로다."

그리고 주상이 그들의 관직을 추탈(追奪)하라고 특명을 내리자, 좌의정 이항복(李恒福)이 상소하여 구하고자 했으나 이루지 못하였다.(협주: 이하 원문이 빠짐)

八日。

賜分畫像, 宴于忠勳府[1]。

先是癸未, 栗谷²先生爲兵判, 倚庇日隆。時輩恐洗滌東西。
大諫宋應漑³·玉堂許篈⁴, 劾以專擅, 因目爲小人。牛溪⁵先生被

1 忠勳府(충훈부): 조선시대 功臣의 훈공을 기록하는 일을 맡아 하던 관아.

2 栗谷(율곡): 李珥(1536~1584)의 호. 본관은 德水, 자는 叔獻, 호는 石潭·愚齋. 1548년 13세 때 진사 초시에 합격하였다. 1551년 16세 때 어머니가 돌아가자, 파주 두문리 자운산에 장례하고 3년간 侍墓하였다. 그 후 금강산에 들어가 불교를 공부하고 1555년 20세 때 하산해 다시 유학에 전심하였다. 1558년 겨울 별시에서 장원하였다. 전후 아홉 차례의 과거에 모두 장원해 '九度壯元公'이라 일컬어졌다. 1564년 호조좌랑을 시작으로 예조좌랑·이조좌랑 등을 역임하고, 1568년 千秋使의 書狀官으로 명나라에 다녀왔다. 1574년 우부승지에 임명되고, 재해로 인해 〈萬言封事〉를 올렸다. 1582년 이조판서에 임명되고, 어명으로 〈人心道心說〉을 지어 올렸다. 1583년 〈時務六條〉를 올려 외적의 침입을 대비해 十萬養兵을 주청하였다.

3 宋應漑(송응개, 1536~1588): 본관은 恩津, 자는 公溥. 1564년 식년문과에 급제하였다. 1565년 홍문관의 正字·著作을 거쳐서 홍문관의 박사·副修撰, 司諫院正言을 지내고, 예조정랑으로 《明宗實錄》 찬수에 참여하였다. 1570년 弘文館校理가 된 뒤, 1573년 함경도에 災傷御史로 파견되었다. 같은 해 6월 司憲府掌令이 되고, 侍講官, 홍문관의 副應敎·부교리, 사간원의 사간·執義, 홍문관응교 등을 두루 역임하였다. 1579년 승지로서 소위 李銖의 옥사에서 이를 석방하라는 왕의 명령을 철회할 것을 청하다가 파직 당하였다. 1583년 대사간이 된 뒤, 동·서 分黨 이후에는 동인의 중진으로서 활약하였다. 이때 헌납 柳永慶, 정언 鄭淑男, 도승지 朴謹元, 成均館典籍 許篈과 함께 李珥를 탄핵하다가 장흥부사로 좌천되고, 다시 회령에 유배되었다. 이때 趙憲을 비롯하여 전라도·해주 등지의 유생들로부터 맹렬한 배척을 받았다. 1585년 영의정 盧守愼의 상소로 풀려났다.

4 許篈(허봉, 1551~1588): 본관은 陽川, 자는 美叔, 호는 荷谷. 1572년 親試文科에 급제, 이듬해 賜暇讀書를 했다. 1574년 聖節使의 書狀官으로 자청하여 명나라에 가서 기행문 〈荷谷朝天記〉를 썼다. 이듬해 이조좌랑이 됐다. 1577년 교리를 거쳐 1583년 창원부사를 역임했다. 그는 金孝元 등과 동인의 선봉이 되어 서인들과 대립했다. 1583년 병조판서 李珥의 직무상 과실을 들어 탄핵하다가 종성에 유배됐고, 이듬해 풀려났으나 정치에 뜻을 버리고 방랑생활을 했다.

5 牛溪(우계): 成渾(1535~1598)의 호. 본관은 昌寧, 자는 浩原, 호는 默庵. 1594년 石潭精舍에서 서울로 들어와 備局堂上·좌참찬에 있으면서 〈편의시무14조〉를 올렸다. 그러나 이 건의는 시행되지 못하였다. 이 무렵 명나라는 명군을 전면 철군시키면서

徵在京, 上疏洞辨之, 上命竄應漑等。栗谷被彈歸海州, 時汝立
在全州, 慨然曰:"此乃己卯[6]群奸網打士林手段." 欲上章伸救,
聞應漑等竄曰:"此乃盛德事[7]也." 指庭前柿實曰:"已熟者孔子,
半熟者栗谷." 是年九月·十一月, 俱有書栗谷, 極言推奬。甲申
正月, 栗谷卒, 卽叛之, 謂已絶交, 上下皆唾罵之, 李潑兄弟, 獨
以汝立爲是, 往來推重焉。

乙酉, 義州牧使徐益[8]上疏, 論鄭汝立反覆[9]狀。先是, 汝立棄官
歸鄕, 以讀書爲名, 聞牛·栗兩先生爲一時儒宗, 亦嘗往來問學。

대왜 강화를 강력히 요구해와 그는 영의정 柳成龍과 함께 명나라의 요청에 따르자고
건의하였다. 그리고 또 許和緩兵(군사적인 대치 상태를 풀어 강화함)을 건의한 李廷
馣을 옹호하다가 선조의 미움을 받았다. 특히 왜적과 내통하며 강화를 주장한 邊蒙
龍에게 왕은 비망기를 내렸는데, 여기에 有識人의 동조자가 있다고 지적하여 선조는
은근히 성혼을 암시하였다. 이에 그는 용산으로 나와 乞骸疏(나이가 많은 관원이
사직을 원하는 소)를 올린 후, 그 길로 사직하고 연안의 角山에 우거하다가 1595년
2월 파산의 고향으로 돌아왔다.

6   己卯(기묘): 1579년. 이해 7월 白仁傑이 '破黨疏'를 올렸는데, 동인과 서인의 화해를
    요구하면서도 동인을 비난한 구절이 많아 오히려 당파 간의 갈등을 격화시켰다. 이
    상소의 초고를 李珥가 수정하였기 때문에, 동인은 이이가 서인을 옹호했다고 하였
    고, 서인은 동인을 두둔했다고 하였다.

7   盛德事(성덕사): 크고 훌륭한 덕을 베푸는 일.

8   徐益(서익, 1542~1587): 본관은 扶餘, 자는 君受, 호는 萬竹·萬竹軒. 1569년 별시문
    과에 급제, 병조·이조의 좌랑, 교리, 舍人을 역임하고, 외직으로 서천군수·안동부
    사·의주목사 등을 지냈다. 문장과 도덕, 그리고 氣節이 뛰어나 李珥·鄭澈로부터 志
    友로 인정받았다. 1585년 의주목사로 있을 때에는 鄭汝立사건으로 인하여 탄핵을
    받은 이이와 정철을 변호하는 소를 올렸다가 파직되기도 하였다.

9   反覆(반복): 줏대가 없이 언행이 바뀜.

栗谷易簀[10]後, 汝立入京, 見時議方攻兩先生, 乃於筵中極詆栗
谷。時輩悅其附己, 稱爲當代第一流。益疏發其私書所嘗推許栗
谷者, 以揚其慝。於是, 三司俱發, 謂益黨於鄭澈而實欲營救沈
義謙[11]。仍劾義謙及所與結交之人, 並謂之禍士林, 上問結交之
人, 兩司擧牛栗兩先生及朴淳·朴應男[12]·朴漸[13]·尹斗壽[14]·辛應

10　易簀(역책): 曾子가 죽을 때를 당하여 삿자리를 바꾸었다는 고사에서 나온 말. 학식
　　과 덕망이 높은 사람의 죽음이나 임종을 이르는 말이다.

11　沈義謙(심의겸, 1535~1587): 본관은 靑松, 자는 方叔, 호는 巽菴·艮菴·黃齋. 1562
　　년 별시문과에 급제하여 청요직에 임명되었다. 1564년 持平·檢詳·舍人을 거쳐 이
　　듬해 사간·副應敎 등을 역임하였다. 이어 1566년 執義·軍器寺正·직제학·동부승지
　　등을 지냈다. 1569년 좌부승지·대사간을 지내고, 1572년 이조참의 등을 지내는 동
　　안 척신 출신으로서 사림들간에 명망이 높아 선배 사류들에게 촉망을 받았다. 이때
　　金宗直 계통의 신진세력인 金孝元이 金繼輝에 의하여 이조정랑으로 천거되었다. 그
　　러나 김효원이 일찍이 명종 때 권신이던 尹元衡의 집에 기거한 사실을 들어 권신에
　　게 아부했다는 이유로 이를 반대하였다. 1574년 김효원은 결국 이조정랑에 발탁되었
　　고, 1575년에는 아우 沈忠謙이 이조정랑에 추천되었다. 김효원이 銓郎의 직분이 척
　　신의 사유물이 될 수 없다 하여 반대하자, 두 사람은 대립하기 시작하였다. 이에
　　구세력은 심의겸을 중심으로 西人, 신진세력은 김효원을 중심으로 東人이라 하여
　　동서분당이 발생하였다. 김효원이 한성부의 동부에 산다 하여 그 무리들을 동인이라
　　하고, 심의겸이 서부에 거주하였기 때문에 서인이라 하였다. 당시 정승 盧守愼과
　　李珥가 사림간의 분규가 격화될 것을 우려하여 올린 소에 의해 개성유수로 나갔다가
　　전라감사를 거쳐, 조정으로 돌아왔다. 1584년 이이가 죽자, 李潑·白惟讓 등이 일을
　　꾸미며 동인과 합세하여 공박함으로써 파직 당하였다.

12　朴應男(박응남, 1527~1572): 본관은 潘南, 자는 柔仲, 호는 南逸·退庵. 1553년 별시
　　문과에 급제, 司諫院正言·弘文館修撰과 육조의 참의·참판 등을 역임하였다. 대사헌
　　으로 있을 때 국정을 전단하던 李樑의 죄를 탄핵하다가 귀양갔으나 왕이 특별히 용
　　서하여 풀려났다. 명종이 임종할 때 좌승지로 禁中에서 숙직하다 영의정 李浚慶과
　　함께 고명을 받아 선조가 왕위를 계승하는 데 공을 세웠다. 沈義謙과 친교가 두터워
　　조카딸(朴應順의 딸)을 선조비로 책봉하도록 하였다.

13　朴漸(박점, 1532~?): 본관은 高靈, 자는 景進, 호는 復庵. 1569년 별시문과에 급제

時¹⁵·李海壽¹⁶·金繼輝¹⁷·洪聖民·具鳳齡¹⁸以對。上命削義謙

하여 이듬해 司諫院正言에 제수되었다. 이어 弘文館副修撰·이조좌랑을 거쳐, 1573
년 明川縣監이 되었다. 그 뒤로 弘文館直提學, 사간·左副承旨·參知 등을 거쳐 1584
년 黃海監司가 되었다. 그 뒤 도승지·이조참의 등을 지내다가 임진왜란 전해인 1591
년에 당쟁에 휘말려 서인이 몰락할 때 관직을 삭탈당하여 벼슬길에 더 이상 나가지
않았다.

14 尹斗壽(윤두수, 1533~1601): 본관은 海平, 자는 子仰, 호는 梧陰. 한성부좌윤·형조
참판을 거쳐 1587년 전라도관찰사, 1589년 평안감사를 지냈다. 이듬해 宗系辨誣의
공으로 光國功臣 2등에 海原君으로 봉해졌다. 1589년 鄭汝立의 역모사건을 계기로
일어난 기축옥사를 통해 서인이 동인을 제거하고 정권을 장악한 뒤, 대사헌·호조판
서를 지냈다. 1592년 임진왜란이 일어나자 선조와 함께 피난길에 올라 어영대장·
우의정을 거쳐 평양에서 좌의정에 올랐다. 평양에 있을 때 명나라에 대한 원병 요청
을 반대하고 평양성의 사수를 주장했으며, 함흥 피난론을 물리치고 의주행을 주장하
여 이를 관철시킴으로써 함흥이 함락된 뒤에도 선조가 무사하게 했다.

15 辛應時(신응시, 1532~1585): 본관은 寧越, 자는 君望, 호는 白麓. 1559년 정시문과
에 급제, 世子侍講院說書·司諫院正言을 지낸 뒤 賜暇讀書를 하였다. 1566년 문과중
시에 급제, 예조·병조의 좌랑, 校理 등을 거쳐 선조 즉위 초에 經筵官이 되었다.
전라도관찰사·연안부사·예조참의·병조참지를 거쳐, 대사간·홍문관부제학에 이르
렀다. 成渾·李珥와 특히 교분이 두터웠다.

16 李海壽(이해수, 1536~1599): 본관은 全義, 자는 大中, 호는 藥圃·敬齋. 1563년 알성
문과에 급제하여 곧 검열에 등용되고, 이어 설서·봉교 등을 역임하였다. 1567년에
賜暇讀書를 하였다. 그 뒤 응교·동부승지·호조참의·대사간·병조참의·공조참의를
역임하고 1582년 聖節使로 명나라에 다녀왔다. 그는 서인으로 1583년에 도승지가
되었으나 동인에 밀려 여주목사로 좌천되었다. 1587년에 충청도관찰사로 나갔다가
다시 대사간이 되고, 다시 여주목사로 밀려났다. 그해 서인 鄭澈이 세자책봉 건의
문제에 연루되어 종성으로 유배되었다. 1592년 임진왜란이 일어나자 유배지에서 풀
려나와 왕을 의주로 호종하였다. 이어 대사간이 되었다가 1594년에 대사성을 거쳐
부제학에 이르렀다.

17 金繼輝(김계휘, 1526~1582): 본관은 光山, 자는 重晦, 호는 黃崗. 1566년 문과중시
에서 장원을 차지해 동부승지에 제수되었다. 1571년 이조참의·예조참의에 제수되어
謝恩使로 명나라에 다녀왔으며, 황해도·전라도의 관찰사를 거쳐 공조참판·형조참
판과 同知義禁府事 등을 역임하였다. 1575년 동서분당 때 沈義謙과 함께 서인으로
지목된 적도 있으나, 당파에는 별로 깊이 간여하지 않고 오히려 당쟁 완화를 위해

爵, 榜其罪名於朝堂, 列書兩先生及松江之名, 以爲黨人。

崔永慶[19], 曹南冥[20]門人也。初年, 大爲牛溪先生所賞, 後遂與
潑 · 洁 · 汝立 · 仁弘等, 相爲表裏, 乃反詆毁栗谷。及己丑汝立之
謀逆也, 賊招中吉三峯爲崔永慶之說, 傳播遠近, 兩南監兵, 不待
敎命[21]而捉囚上聞。牛溪先生抵書松江(按松江時爲委官)曰: "永慶

노력하였다. 그 뒤 평안도관찰사로 있다가 1581년 宗系辨誣를 위한 奏請使로 중국에
다녀왔다.

18 具鳳齡(구봉령, 1526~1586): 1564년 文臣庭試에 장원해 수찬 · 호조좌랑 · 병조좌랑
을 거쳐, 1567년에 賜暇讀書하였다. 그 뒤, 정언 · 전적 · 이조좌랑 · 사성 · 執義 · 사간을
두루 거치고, 1573년 직제학에 올랐으며, 이어 동부승지 · 우부승지 · 대사성 · 전라관
찰사 · 충청관찰사 등을 지냈다. 1577년 대사간에 오르고, 1578년 대사성을 거쳐 이조
참의 · 형조참의를 지냈다. 1581년 대사헌에 오르고, 1582년 병조참판 · 형조참판 등을
지냈다. 당시는 동서의 당쟁이 시작될 무렵이었으나 중립을 지키기에 힘썼다고 한다.

19 崔永慶(최영경, 1529~1590): 본관은 和順, 자는 孝元, 호는 守愚堂. 당시 安敏學이
자주 찾아와 鄭澈을 칭찬하고 만나볼 것을 권했지만, 단호히 거절하였다. 鄭逑 · 金宇
顒 · 吳健 · 河沆 · 朴齊仁 · 趙宗道 등과 교유하며, 切磋琢磨하였다. 1576년 德川書院을
창건하여 스승 조식을 배향하였다. 1590년 鄭汝立의 逆獄事件이 일어나자 그는 유령
의 인물 三峯으로 무고되어 옥사하였다.

20 南冥(남명): 曺植(1501~1572)의 호. 본관은 昌寧, 자는 楗仲. 金宇顒 · 郭再祐는 그의
문인이자 외손녀 사위이다. 20대 중반까지는 成守琛 · 成運 등과 교제하며 학문에
열중하였다. 그의 사상은 老莊的 요소도 다분히 엿보이지만 기본적으로는 修己治人
의 성리학적 토대 위에서 실천궁행을 강조했으며, 실천적 의미를 더욱 부여하기 위
해 敬과 아울러 義를 강조하였다. 이러한 신념을 바탕으로 그는 일상생활에서는 철
저한 절제로 일관하여 불의와 타협하지 않았으며, 당시의 사회현실과 정치적 모순에
대해서는 적극적인 비판의 자세를 견지하였다. 그리고 당시 李滉과 奇大升을 둘러싸
고 일어난 理氣心性 논쟁에 대해서도 비판적인 시각에서 이를 '下學人事'를 거치지
않은 '上達天理'로 규정하고 '下學而上達'의 단계적이고 실천적인 학문방법을 주장하
였으며 제자들에게도 그대로 이어져 경상우도의 특징적인 학풍을 이루었다.

孝友淸修, 豈有與聞逆謀之理乎? 須力爲救解." 松江乃於榻前,
屢伸其情, 而上大惡之, 竟死獄中。其後辛卯, 松江安置²²江界²³
也。大諫洪汝諄啓, "吉三峯爲崔永慶之說, 必鄭澈指嗾²⁴梁千
頃²⁵而做出也, 請拿千頃." 屢次嚴刑, 誣服而死。大諫金宇顒²⁶
啓, "鄭澈搆殺永慶, 陽爲救解, 請奪其爵." 上允之, 贈永慶大司
憲。(按洪汝諄時爲全監, 金睟時爲嶺伯, 執囚永慶, 搜探文書, 拿致禁府。時松
江當委官, 力救永慶。上下汝立與永慶書及永慶篋中匿名詩, 松江終始伸救。上
意稍解, 命釋。及再拿也, 柳成龍爲委官, 鼇城以救解永慶之意, 極力言之, 柳不
能救, 永慶竟死獄中。時李山海之黨, 欲搆松江, 以爲松江搆殺永慶, 請拿囚梁千

---

21 教命(교명): 임금의 교시. 임금의 명령을 적은 글.
22 安置(안치): 죄인을 먼 곳으로 보내 그곳에 거주하게 하는 형벌.
23 江界(강계): 평안북도 북동부에 위치한 지명.
24 指嗾(지주): 달래고 꾀어서 무엇을 하도록 부추김.
25 梁千頃(양천경, ?~1591): 본관은 濟州. 1589년 기축옥사가 일어났을 때, 서인 정철의 휘호 아래 동생 梁千會와 찰방 趙應麒 및 姜涊·金克寬·金克寅과 함께 뜻을 같이하는 호남 유생들을 모아 李潑 형제와 鄭汝立 일당이 모반을 도모하고 있다는 상소를 올렸다. 이때 정여립의 모반사건에 吉三峰이라는 없는 인물을 만들어낸 뒤 길삼봉이 바로 崔永慶이라고 誣告하였는데, 최영경이 본래 세상일에 무관심한 산림 처사지만 평소 정철을 소인배라 미워하였던 점을 염두에 두고 사건에 연루시켜 獄死하게 만든 것이다.
26 金宇顒(김우옹, 1540~1603): 본관은 義城, 자는 肅夫, 호는 東岡·直峰布衣. 1576년 부교리가 되고, 이어서 이조좌랑·사인 등을 지냈으며, 1579년에는 부응교가 되어 붕당의 폐단을 논하였다. 이듬해 宣慰使로 일본 사신 겐소[玄蘇]를 맞이하여 사신의 접대에 女)을 금지하도록 진언하였다. 1582년 홍문관직제학이 되고, 이어서 대사성·대사간을 거쳤으며, 1584년 부제학이 된 뒤 전라도관찰사·안동부사를 역임하였다. 1589년 기축옥사가 일어나자 鄭汝立과 함께 조식의 문하에서 수학했다는 이유로 회령에 유배되었다가, 1592년 임진왜란으로 사면되어 의주 行在所로 가서 승문원제조로 기용되고, 이어서 병조참판을 역임하였다.

頃。洪汝諄, 時在金吾, 自恐罪及於己, 嚴加酷刑, 誣服致死。蓋千頃曾與永慶戚
任鄭大成, 同寓京中。大成聞諸賊招辭內吉三峯, 年可五六十, 面瘦而長, 髥長過
腹, 語輒喘發云云, 大驚曰:"此形貌宛然吾崔司畜戚叔也."千頃聞此言, 唱言于
衆中曰:"崔永慶實是吉三峯也."以此千頃爲獄案.)

其後壬寅, 召鄭仁弘爲大司憲。仁弘赴召上疏, 大斥牛溪, 至
曰:"陰嗾^{27}奸澈, 賊殺^{28}高賢(崔永慶), 戕害國脉, 汚辱士林, 可比
於平秀吉."云云。又曰:"內有衣冠之寇, 然後外有干戈之寇^{29}, 則
壬辰海賊之變, 實是內寇所召也."云云。又曰:"今其徒黨未盡,
臣雖欲扶植士類, 恢張公道, 決不可得."云云。先是, 臺諫洪履
祥^{30}·鄭光績^{31}, 疏斥松江·牛溪兩先生, 權而禧^{32}·鄭毅·崔忠

---

27 陰嗾(음주): 나쁜 일을 하도록 부추김.

28 賊殺(적살): 살해함.

29 內有衣冠之寇, 然後外有干戈之寇(내유의관지구, 연후외유간과지구): 南宋 陳德秀
(1178~1235)의 《大學衍義》권19 〈格物致知之要二·辨人才·憸邪罔上之情〉에 나오
는 구절. 寇는 盗를 대체하여 인용되었다.

30 洪履祥(홍이상, 1549~1615): 본관은 豊山, 초명은 麟祥, 자는 君瑞·元禮, 호는 慕
堂. 1579년 식년문과에 장원급제하였다. 그 뒤 예조와 호조의 좌랑을 거쳐, 정언
·수찬·지제교·병조정랑 등을 두루 지낸 뒤 賜暇讀書하였다. 그 뒤 이조정랑을 거
쳐, 집의·응교를 역임하고, 太僕寺正이 되었다가 사간과 사인 등을 거쳐, 黃海道安
撫使가 되었다. 1591년 직제학을 거쳐 동부승지가 된 뒤, 다시 이조참의가 되었다.
1592년 임진왜란 때는 예조참의로 옮겨 왕을 扈駕해 西行하였다. 1593년 정주에서
대사간에 임명되었고, 이듬해 聖節使가 되어 명나라에 다녀왔다. 그 뒤 좌승지가
되었다가 곧 경상도관찰사로 나갔다. 1596년 형조참판을 거쳐 대사성이 되었다. 그
러나 영남 유생 文景虎 등이 成渾을 배척하는 상소를 올리자, 성혼을 두둔하다가
안동부사로 좌천되었다. 1607년 청주목사가 되고, 1609년(광해군 1)에는 대사헌이
되었다.

元[33]·文景虎[34](仁弘門客)等, 搆誣益甚, 請追削其職。至是傳曰:
"成渾托跡山林, 欺世盜名, 鄭澈千古奸凶, 合爲一身。渾則澈之
謀主也。"云。特命追削[35], 左相李恒福疏救不得。(此下缺.)

『《苔泉集》卷二』

---

31 鄭光績(정광적, 1551~?): 본관은 河東, 자는 景勛, 호는 南坡·西澗. 1579년 식년문
    과에 급제하였다. 1583년 병조좌랑으로 있을 때 무과초시의 합격자 명단 일부를 삭
    제한 죄로 북방의 軍役에 편입되었다. 1602년 대사성을 제수받았으며, 1609년 첨지
    중추부사에 발탁되고, 이어 대사헌·전주부윤·담양부윤을 지내고 향리로 돌아갔다.
    인조반정 후 부름을 받아 대사간이 되었고, 이어 우참찬·공조판서·좌참찬을 지냈으
    며, 1631년 예조판서, 1636년 판중추부사가 되었다.

32 權而禧(권이희): 權禧(1547~1624)의 오기. 본관은 安東, 자는 思悅, 호는 南岳.
    1584년 별시문과에 급제, 한림·주서·전적을 거쳐 각 조의 낭관 및 兩司의 벼슬을
    지냈다. 1596년 장령·사간·종부시정·헌납·집의 등을 거쳐 陳慰使의 書狀官으로
    명나라에 다녀온 뒤 호조·예조·형조의 참판을 지냈다. 이듬해 동부승지 등을 거쳐,
    1599년 도승지·병조참지·충청감사가 되었다. 이듬해 대사간으로서 사간 鄭慤, 헌
    납 崔忠元, 정언 李久澄 등과 함께 成渾이 山林學者로 대두하는 것을 막기 위해 관직
    삭탈을 주청하였다.

33 崔忠元(최충원, 1564~?): 본관은 水原, 자는 藎伯. 1596년 정시문과에 급제하였다.
    成均館直講 知製敎로서《明宗實錄》을 편찬하는 편수관으로 활약하였다. 1600년 병
    조좌랑을 시작으로 호조좌랑, 사간원의 정언·헌납을 역임하였다. 그 뒤 사헌부지평
    ·咸鏡都事·병조정랑 등을 역임하였다.

34 文景虎(문경호, ?~1620): 본관은 南平, 호는 嶧陽. 1592년 임진왜란 때 郭再祐와
    함께 의병으로 활동하였다. 또한 대북파인 정인홍을 위하여 1601년 생원으로서 소를
    올려 처사 崔永慶의 죽음에鄭澈과 成渾이 주동이 되었다 하여 그들을 논척하였다.
    이듬해 松羅察訪이 되었고, 1615년 金泉察訪으로서 당시 대북파들의 횡행과 왕의
    실책이 두드러지기 시작하자, 이를 비판하던 鄭蘊 등의 편에 서서 활동하다가 원래
    정인홍의 문인으로 스승을 배반하였다는 죄로 삭탈관직 당하였다.

35 追削(추삭): 죽은 뒤에 그 사람 생전의 벼슬을 깎아 없앰.

찾아보기

영인자료

〈토역일기討逆日記〉

閔仁伯,《苔泉集》卷二, 국립중앙도서관 소장

여기서부터는 影印本을 인쇄한 부분으로 맨 뒷 페이지부터 보십시오.

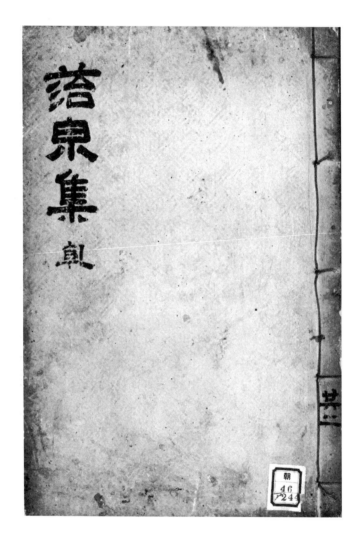

1

2

瓜滿而來其夏大而投緩未及成壬子始造屏欲作

龍頭會子激奄仙終不得遂好事多魔誠不虛也

討逆日記 任鎭安時

萬曆巳丑十月七日監司李洸行關于鎭安曰修撰

鄭汝立逃躱竹島書堂搜討云云余卽率官屬軍校

馳往搜括則汝立不在守僧志录等六人社長一名

白米二百餘石皮雜穀百餘石積於暗室及樓上乃

縛僧人社長以來因於縣獄亦不知爲某事

八日監司又令各官設捕盗幕譏察荒唐人捉囚余

始知汝立之謀叛卽帖于境內嚴設捕盗幕繼聞六

守愚集 卷二 討逆日記 十一

3

日夕金吾郎及宣傳官入全州吹大角動鍾聚軍夜

分後往襲銅谷賊家則汝立及于玉男不在只捉池

景涵於汝復家景涵卽海州校生也來授汝立汝立

奇之妻以其兄之婢以爲腹心今年春隨汝立來尋

竹島書堂而仍當汝復家當其搜捕之日踰墻而逃

未及奔逸爲官軍所獲斃於庭訊

十日招聚各囘約正及頭民約曰鄭賊逃躱嚴設捕

盜幕使不得漏期於必捕　朝命至嚴而壞地似潤

人民鮮少加以山谷草樹蒙密縱使賊徒暗過必難

詗知莫如罷散盜直之爲愈也仍定各囘衛將部將

仲約曰若有荒唐人一里共捕以告官力不足則告

于部將部將力不足則告于衛將衛將力不足則告

于官且令于近縣居民曰上官門屋上吹大角擊疾

鼓則鼓角聲所及居民或持弓矢或持刀鎗來聚官

門有不如約者當以軍法從事諸民皆受約束而退

十一日聞督捕御史李大海宣傳官李仁男入本道

十二日長水縣移文曰長溪有殺人獄事請來覆檢

十三日徃檢

十四日平明治任發行還到縣地二十里程新院欲

秣馬日已晚矣卽接醫吏文狀言荒唐人來到西面

苔泉集 卷二 討逆日記 十二

両民朴長孫等率同里人九名徃告衛將李希壽同
力追逐云即直馳入客舘令吹手上官門吹大角擊
疾皷聞皷角而填刻來曾者百五十餘人即領率疾
馳徃赴西両山尺店店人及村民三十六名圍賊於
多福地名乃全州高山境也詰其所圍者何等人則皆
答以某也而不直言其姓名盖本縣之民以竹島有
鄭賊書堂鄭賊常常徃來故人無不識其面目而曾
怯威稜不敢斥言名字也于時日已高春立馬於高
阜者審賊之所在則賊四人在多福束其後則絕壁
削立左右林木蓊密前向亦多林藪林外有小溪將

6

澗賊立則見回坐則不見形矣中有一人持環刀時
時揮動以示威勇余於馬上呼汝立名而大叱曰汝
以　經幄近臣敢圖不軌　君命遽捕汝當束手就
戮奈何拔劒拒捕耶汝立不答四人即坐不得見形
店人及村民彎木弓請射余止之計有活也遲疑
之際日爲西嶺所礙恐致失捕令親近二人潛往偵
探則杖劒者曰全州千萬軍中尚能挺身脱走今此
之軍多不滿二百若以此劒揮斫則可以得脱矣汝
立曰彼皆敦弩持蒲萬無得脱之理何用浪殺無辜
良民狀吾等莫如早自決也旋取一人所杖之劒拄

於頷下裂破之更進於其人則其人引頸受刃一所
乃倒又刺一人而倒又刺一人閃過而倒汝立遂植
劍於地延頸伏而受之即令催兵迫之則汝立翻身
大叫聲若牛吼而絕劍援而血淋漓從劍孔出日已
昏黑月色未揚汝立及一人皆死二人尚有生氣取
松明以燭之則冠者右邊逢刃重傷卧者左邊逢刃
不至重傷於水鐵店催羡蕎麥麪作餅傅於瘡口一
邊差人馳送于縣獄押來囚僧志永蓋欲認其誰某
地汝立及一人撥舌幾三寸餘矣列木爇火以取其
明用軍圍駐嚴其防守慮有餘黨潛伏於近處乘其

巳捕兵懈而襲也夜四更押志永來使之諭審則曰
一則鄭汝立也又指死者一人曰玉男其餘則不知
云未幾昏仆者二人復甦起坐便以手摘所傳蕎麥
餅而食之始問死者與渠等誰某卟者曰死者一則
汝立也一則玉男也生者一則朴延齡之子春龍受
學於汝立者也我則汝立奴勿金之子撿金云郞成
㦚文分報于監司兵使督捕御史宣傳官四處審檢
屍身則汝立身穿木綿二襦衣木綿襦裹肚以熟麻
繩約束足著藁鞋藁鞋穿破足巾亦破露其兩拇指
矣當臂抱磁椳椳口視肌一死者則著常衣左髀上

節懸一皮囊右膊上節結一小刀以皮裹之一人背
貢草苞裂單直領作小㐹一砧蕎麥二三升一砧小
豆一二升以休紙裹薑糓合其書即湖南災傷敬羞
官洪宗祿所抵也而并血漬乃付之于火中矣
十五日旣明編草作箔裹二人尸則前所扐舌皆收
入如常矣載二屍於二馬騎二生於二馬用軍圍繞
前往全州將獻俘於監司路出熊峴地全州有伏兵亂
射欲奪所載屍及生口余令官軍選射伏兵乃退散
進到營下監司結陣頗整非傳令不許人出入乃使
守門者通告以余持賊屍及二生口而來之由然後

乃發傳令許入及入城居民老少及士夫婦女皆出
門攢手羅拜歡聲四合爭相慶賀且言若少遲捕獲
則無辜而死者幾人至有感極而涕泣者監司令陳
四名口於紫雲樓下使府尹尹自新取獄中所因鄭
緝出俾驗死生者爲誰則曰一死者吾叔也一死者
邊崇福也卅者玉男也冠者朴春龍也監司成狀
啓令鎭安刑吏白鶴天陪持而又差全州吏同往曰
軍機重事則雙發馬法也及狀　啓開拆　上招鶴
天　問捕捉之由　賜酒及襦衣二領
是日監司又云卽者有　旨來勿論道內名山士大

藘泉集（卷二）討逆日記　十五

11

夫墓山盡爲焚燒若捕賊少遲一日則　士大夫墳山

亦不免焚燒矣日前自　上慮慶基殿及　文廟驚

動　命承傳色金良輔徃視方在客館卽押送二屍

及玉男春龍去監司仍問余資級余對以中訓監司

曰必准資陞叙矣余退而欲求紙筆修書付鶴天送

于親庭則人言府尹在紫雲樓可求之余上樓拜府

尹府尹曰君以何方畧捕獲逆魁多至四級余對以

罷盜直之由府尹歎曰吾之智不及君遠甚矣恨未

早罷盜直也余曰大不然鎮安縣監罷盜直則猶之

可也全州若罷盜直則逆賊未捕而官譙先爻矣府

12

尹曰是亦然矣得紙筆修書付鶴天回懼則府尹子

者獻判官羅廷彥及六七他人環擁一人而坐余乃

就見則置玉男於其中給紙筆使書其家親厚出入

人已書十餘人又書李廷犀名余曰李家與汝家世

讎國人所共知也而今列於親厚中是誣也玉男停

筆顧余而言曰他李則果與我家不好李廷犀則欲做

好官我外祖亦藝時雖不利行步而至於擔轝往見

其情好可知余問在座者曰誰令此兒書此有使相

之令乎有府尹之令乎玉男投筆而諸人皆散其中

所錄不能盡記而只記得李廷鵬金愿而巳余問玉

農巖集 卷二 討逆日記 十六 一

男汝父能通天文地理卜筮云然乎答曰若真知之
則安有速敗至此又問何以知禁府都事宣傳官之
來捕而能逃乎曰金溝邸吏卽吾家婢夫也都事等
入全州聚軍時先通故能走耳又問諸處盜直甚嚴
汝等何以得達於此乎曰鎭安罷盜直晝伏夜行來
隱于境內西面禾黍藁委積之下三日不得食火化
之物昨朝余獨出求熟物爲人所覺耳、
金溝品官林遂妾女愛福有絶代色曾嫁士人士人
死愛福方守制汝立聞其美強奸而寵之專房汝立
逃走之後先爲拿去行到廣程白鶴天馳駟過去說

14

其汝立就捕自刎之狀愛福聞即氣絶押去之卒恐
其見罪百端救活及其鞫問以不脫前夫之衰被其
強脅之狀刑訊二次後放之有金吾卓卒憐其色賣
家而買藥物飲食晝夜救療糞其生活以爲偕老之
計竟不救
十月二十五日鄭玉男朴延齡朴文長鄭紹金世謙
李光秀李箕朴應逢方義信黃彦倫招內去九月分
會于全州鄭汝立家汝立曰汝等聞密約千里遠來
汝等不去則多有好事衣食亦足若出去則必洩機
事畢竟諱汝妻子中心暗度可也今約大事而事勢

非便未能卽發可以更來且曰天災時變未有甚於

此時李成樑欲奪方山以下若殺此人可得二十四

郡以我爲將則汝等武人軍官帶率云云與邊泗相

謂曰此處有八十斤長劒佩持者而如盤磨石卷戢

卽破又有一人擔持屍體入盛內外棺槨不步而起

能行五里者又有三人能超過大門高可三丈者下

三道京畿之人及僧人皆爲腹心預養勇士欲使此

人等舉事爲是如於邊泗曰漢江段數三日水赤如血光

州地二處池段水赤而魚盡死懷德段野中石自起

立其長六七尺又一雙水中石相對起立長六七尺

16

金堤地段 栗木生髮自古變有非常叛心者爲將 如是

爲林逐曰山上石起則聖人出海中石起則小人出 爲旀

此則野與水中石皆起最貴 爲是如

曰相格異於人八字亦好可在人上 爲旀 衍法圭見汝立相

月山三聖齋後石窟得玉函納于汝立其中有天機 爲旀 邊泗於九

地機十二篇以破字作奠邑立又有木子將匹子丑 爲旀

猶未定寅卯事何如等語 爲是如 欲於文化九月山下

唐莊子檀君所都處定都 爲是 又言庚寅平吉壬辰

大吉其年舉事必待冰凍可以長驅以進 如是 各給箭

竹曰待吾送人率軍馬上來汝立邊泗所言二二相

十八

同矣等卒成密約而來爲㫆如汝立曰弘文官員旣爲

數歲若非如此不可爲矣天命如此庚寅年可擧事

也正月某日自全州聚軍軍器軍粮則余所藏取用

且掠各官而用之邊泗曰全州官員及本道兵使監

司段假稱禁府都事而殺之他邑守令亦如此殺之

泗曰至弘濟院結陣可食龍山西江倉米不戰持久

爲㫆如是金彥隣曰由天安之路直抵漢江京都爲㫆如是遣

結陣不鮮如此京城之外皆我等軍粮八道亦將輸

運城中人馬餓死自知勢難開門然後可以入矣如是

爲㫆如又使邊泗率其黨流入京城與內應人黃億壽等

殺兵曹判書會鍾樓前結陣仍擊兵曹東西火藥庫

盡爲焚燒汝等當爲功臣推吉三峯爲首云吉三

峯假稱遣是汝立爲首的實爲是如遣以窮凶極惡之人自

知罪不容於覆載之間拿命聞奇邊泗同時逃躱

傳曰鄭汝立謀叛大逆之狀明著各人之招討賊之

且刺及其黨一處刐死滅口爲臥乎事

義無聞存没依法處決事下于禁府

十一月十一日特 命陞堂上除實職且 賜敎書

知製 敎白惟咸制裂進逸敎書

正兵朴長孫賞授司果李希壽司勇

十九 一

哲兒集 卷二

十三日冬至也以 慶基殿祭官徃叅後齊會于擁

翠堂府尹舘夫來言曰金吾郞入舘矣府尹言都事

姓某名誰探於書吏而來報俄來言申景禧也府尹

曰誰知之朝著近阻切欲知之余曰生知之府尹使

姓訪余出堂門申也在紫雲樓揮手招之余上樓則

申戲拈鼠皮官帽耳掩毛曰堂上官戴此乎余曰狂

奴故態乃爾申曰余何敢戲再昨政始下 批加堂

上資矣余問今欲拿者何人申出囊中尾紙乃 命

拿前洪州牧使柳德粹者也卽報于府尹俄又舘人

來言吏曹吏持朝報徃監司所府尹令取朝報來其

中有七日汝立失捕都事宣傳官守土官 命拿之

語而蓝山郡守金穎男乃其日守土官也余告于府

尹曰盆山應拿而以發日計之今當到郡恐驚動其

妾夫人請浮三大白促令選官乃飲而馳去

十三日 朝廷欲辨衒法主前因竹島書堂僧志永

等械繫上送事有 旨監司令余選官械繫以送社

長則放送云余卽達夜還官繫械志永等送于監營

上送于京庭辨後幷放送

後十餘日監司移書于余曰志永屢出賊口不可不

捕金吾郎方來住營下今將入送于該縣君必跟捕

討逆日記 二十一

21

余以書答曰山谷愚僧乍入官府猶自惶惑況就大
庭怵惕天威旣釋之後如鳥脫樊如蟹入水豈能容
易捉得如聞禁都來縣猶恐入山之不深入林之不
密昧昧其影響則終不得以捕矣姑緩都事之行令
余設機跟尋庶或有獲矣監司從之㝎近竹島居
田官一人官奴之有計慮者一名指授方畧使之譏
察
錦山郡有山曰九千頭尾山形奇勝牛馬不通僧徒
創立巨刹入定結社之僧常數百髡奔走供億者倍
之富商佃戶之俊佛者駄載百物卸於山下擔負而

轉輸於寺者日不下數十　朝廷慮衍法主隱於此

寺　命監司搜捕監司令錦山珍山兩郡守由北路

率軍以入令龍潭鎭安二縣倅從南路領兵以進期

會而徃搜索不得只縛皷化主以送于監司回病于

龍潭選縣路逢前定官奴捕得志永上佐獻於馬首

拿致官庭詰其師之所在初諱不肯首壓以巨枷進

散大杖卽觧以誘之酒云其師在窨崒山深源寺卽

率軍卽校以進則志永不在矣捉致二三僧亂杖窮

詰不言所在傍有一髡年才十五六者來觀光卽令

摔致打下足掌一棍則旋言志永果在西門菴云忌

二十一

23

往圍菴僧房三間而只一戶使軍校四人挾兩傍而
立令曰房内所在僧盡出一僧出非也又一僧出亦
非也又一僧出乃志永也械繫送于監司所禁都卽
押去訊問二次殞于杖下
衍法主逃躲久未就捕本道僧幸師終始追尋知隱
於金堤土窟中捕告依律賞幸師以司果
汝立常薄其正妻不與衣食或有違言坐之門限以
燒木亂打及汝立之逃也先拿其妻于全州脫其中
衣有一妓見而哀之脫所著中衣而衣之見者爲之
憫然

24

全州生員金敬止李麟慶乃汝立妹夫也（皆與余同）

金則素惡汝立爲人不爲相從作賜梟賦以刺之又（年登榜）

作短歌曰額面（鐵）脂粉身體匹段帛自外觀之妍妙

然人家匙箸賊而我則先識又曰刻木爲羅漢束草

充腹臟諦視魑魅樣無知頭陀社長葦空結念佛香

其譏之也至矣生二女而其妻已歿及獄起遂繫鞫

問供以作賦作歌之由且告義絕見放而還其後全

尹以敬止兩女聞汝立親黨將盡歿爲官婢兄弟以

裙帶自縊之狀上　聞　上曰前日拿問時以義絕

對今二女同日死前言詐也安知與賊相謀而固諱

守愚集　卷二討逆日記　二十二

可更拿鞫杖訊不服而死李則素謟事汝立楷以聖

賢恬勢作威凌侮同鄕漁奪民田及其獄成與五子

駢首就戮敬止與麟慶具其不免於天刑而輕重則有

間矣

朴希孝者全州城內士人也儀容端委善詞賦喜吟

詩又工筆札余向在全州時頻與接談識斥汝立無

所不至至曰欲知科文病處廣質於先生長者而不

會以一庀文字試於鄭修撰云其排擠也甚矣賊黨

有盞朴希孝與賊親厚者卽拿致嚴鞫竟殞杖下其

實與朴同姓名者居外村出入賊門最爲親厚此朴

26

無名而士朴知名故橫罹此禍治獄之時如此之類

何限火炎崑岡玉石俱焚固也

十一月二十三日政禮曹參議除 授

十二月二十三日離縣

庚寅正月一日入京謝 恩仍上辭職疏 上批曰

爾忠勇可嘉勿辭仍 傳曰此疏中亦有可推人下

于推鞫廳 賜貂皮紗帽耳掩 敎勿謝疏中有戊

于秋與龍潭縣令洪進試生進初試于茂長回路洪

語余曰君不欲見鄭大甫乎答以當歷見洪先徃余

道逢金溝進士金克寅于從政院故後之移時後至

苔泉集 卷上 討逆日記 二十三

銅谷相揖而坐未及寒暄汝立曰君等久枉　經幄

不教以開心明理之書故如此雖不知其言之爲某

事而發聽其語緒則似爲用人而發也洪又勸以讀

禮書答曰余方讀論語若卒業則當讀近思錄何暇

及禮書乎仍持酒杯曰余酒戶不窄曾於居廬時以

其年尚少不廢風雪上塚仍得瘷狀不能飲云故鞫

廳請拿推洪進洪被囚考訊無實狀卽放送

李彦吉爲金堤守時以營造汝立黃山家事拿推後

行文于全羅監司得其實狀死於杖下

高山縣監鄭賜湖少不容貸於汝立汝立簡請求勝

鄭汝會訟不聽又請發軍防塞廢堤不發其氣節可

尚云

時有誇著汝立葛巾衫之謠蓋指李弘老也南彦經

雖以儒爲名者亦未免俯首聽命敬事汝立則餘人

又何說也可哂之甚矣

跪斬汝立屍於軍器寺前令百官序立以視之又使

全州人典籍李廷鸞刑曹佐郎金愬審視汝立真僞

憑撫屍垂淚曰汝何以至此憑以親厚被繫受刑以

死

梟汝立首於鐵物市橋頭生員南以恭適騎馬而過

南泉集 卷二 討逆日記 二十四

卽下馬曰長者頭在此不可騎過

士人韓百謙沈憬往哭于汝立屍出衣衾贈賻厚

殯之畢覺推鞫杖流

汝立常會射楔之人於黃山酒將半出言近日 朝

廷將付我以大兵有征討之事誰能從我乎金堤校

生崔彭禎卽出班跪曰吾從夫子獄發出於賊招彭

禎承服依律

李震吉汝立之五寸戚也曾爲檢閱凡 朝廷動靜

二書通於汝立又作告天神文歷叙 先王疵政

及天灾地變前日汝立之問我以漢江龍舟漂失與

剖棺斬屍

否者亦欲用於此文也事覺庭鞫不服而死

故佐郞李敬中平日見李震吉以翰林入侍大言於

稠中曰京洛世家子弟之登科才俊者不少而如此

凶憸之人何處得來爲此任乎及獄發有以此語上

聞者 上特命迡 贈以奬先見之明

全羅都事曹大中光州人也與汝立相厚連逮杖訊

時上一絕於委官右相沈守慶其第三四句曰地下

若逢比干去孤臣含笑不須悲沈相以爲亂言不之

告一日 筵席語及此事沈相遞罷 命發大中塚

女泉集 卷二 討逆日記　二十五　一

全州判官黃廷擇以造弓箭於汝立杖死

朴文長金彥隣安岳人也與汝立同謀事發逃躱朴

見捉於橫城縣監具孝淵金被獲於忠州牧使李景

麟俱服俟律具李俱陞堂上資

金世謙信川人也乃汝立同謀中最爲腹心者也及

其就捕庭鞠也悉服無諱且曰　禧孝陵　幸行時

吾等聚于昌陵洞口將欲舉事全羅人未及齊會故

不爲云俟律

當初　上命金吾郎宣傳官眼同守土官金潁男收

取賊家文書以來其時鄭彥智等私囑都事及宣傳

官拾出其名書尺去之故謂自已等書信無一庀現

存及 上下問書信有無之時右相鄭彦信則常爲

通信爲對其兄彦智則以無一字相問爲對 上手

持其書札數十度示之曰此何人書也彦智無以對

盖書末稱宗老或稱東谷書名字者去之宗老東谷

則旣不之知故不能去彦智亦幸其無姓名欲諱之

上曰如此迷劣之人何以爲三司長官乎李洁李潑

兄弟書亦有九張書中有曰用某官此等舉措專是

憤憤此卽汝立於銅谷家與洪進言者也又曰當今

見道高明惟尊兄一人而已自 上手持而示鞫廳

諸臣　天威震厲　玉音閉澁至不能出聲諸臣震

慴矣

庭鞫鄭彦信於仁政殿南行廊叅鞫諸人皆擬賜藥

不可施刑於大臣〔時鄭卽其右相〕獨鄭澈〔右執相議〕請訊論議

不一夜分不決以　聞　上從澈議四更始訊杖十

三下彦信請服都事就問則逆賊締結辭緣承服云

覆　啓則須問逆謀與知又加訊十七度不服遂竄

甲山〔松江新入右相〕

庭鞫時　上使別監湯酒饋彦信且　教以討逆事

重不得不推鞫而於予心豈得安乎別監酌酒將飲

彦信其兄彦智欲飲之出手引杯之際別監曰此酒

自 上賜右相者非令監所得飲彦智慚而止

彦智洪宗祿白惟讓李湙李浩鄭昌行皆出於汝立
之姪緯之招又出於賊家文書諸人皆竄昌行放逆
中柳德粹鄭介淸或以辭連或以疏章皆死

巳丑九月李浩自南平率眷上京 李浩時召爲舍行到

金溝縣縣令金堯命抵書汝立曰今日李景淵來宿

我縣公不來見耶汝立托病不來書請浩徃見語

次汝立公然說破謀反事浩大驚拂袖去行到參禮

思之彼既發逆言而我驚起以來彼必追殺我也卽

閒晝夜兼程以行到恩津不入客館請於縣宰得護

送軍從間路悉向京城汝立果送力士數輩要擊殺
之全恩津聞過行已久乃迴洁計欲上變過其兄潑
在鄉未及來苦待之際黃海監司韓準之 啓已上
矣其時李丈啓爲長城宰其子廷龜爲省覬南下路
逢洁擁兵自衛蒼黃北來之狀云後因梁千曾疏被囚
鄭介清谷城人也門地不甚蟬聯而早得學問之名
其造詣淺溪俱未之知而後生嗜學者多從之遊與
汝立最親厚嘗著排節義論一篇其中有曰忠臣不
事二君烈女不更二夫是王蠋偶發之言非聖人通
論也伊尹曰何事非君何使非民此乃聖人通論時

36

人以爲此論專爲鄭賊作也以此杖殤余常以爲汝
立朝鮮之反賊介清萬古之逆臣也蓋其主意欲使
天下萬世去君臣大倫朝隋而暮唐昔君臣而今仇
讐驅一世之人服事汝立而不恥不悔者也且平日
與其父母異縣而居不爲往觀人有誚之者介清笑
曰我誠孝至極常聽於無聲視於無形安用屑屑往
來乎噫此豈非自欺而欺人之甚者乎誠若此言介
清屬纊之前無非與其親相對之日縱使親沒之後
猶以爲常目在之而不必爲裏經哭擗矣天下安有
如此等學問乎余恐此說得行則天下之爲人子者

華泉集 卷二 討逆日記 二十八

皆不觀其父母而自以爲孝也排節義而廢君臣之

倫曠定省而忽父子之親若繩以先王之法則必爲

亂臣賊子之魁而壬辰兵燹以後一邊人欲救潑淸

并及介淸至曰偶因一篇之著論身陷刑戮至爲寃　按野史介人

枉旣復其官又錄其子終恐父子君臣之倫從此掃

地竟莫之救矣此豈　國家之一細事哉　按本僧介人

思菴憐其才命還俗養育如于思菴没後背叛之至
庚寅獄發全監洪汝諄啓以介淸與汝立遊山之
說以傳播道內臺臣謂勒得情狀頗
供以不與賊相通云嚴勒

蘓齋盧公守愼爲元輔時　上言于經席曰薦賢宰

相之事予欲得大用之人須擧之守愼退列四人於

一紙進之卽李潑李洁鄭汝立白惟讓也及庚寅獄

末 上偶閱文書得守愼所進之章 上大疑而怒

以爲擧賊亟削黜之未幾卒公以乙巳名臣不能令

終人之晚節豈不難哉

余於昨年十月十三日以殺獄覆檢事徃長水縣宿

於所館夜夢入闕庭非我 朝也乃 天朝也月廊

上鋪蛟龍旗余藉而坐之旗上織龍生而活動余懼

而移坐則亦然再三移之終始如一余懼而乃覺翌

日果獲逆賊鄭汝立及邊泗玉男朴春龍等四名曰

抑亦夢寐之間先見兆眹耶可謂奇矣

討逆日記 卷一 二十九 一

哲宗實録

一日筵中洪聖民語及任國老欲爲翻獄之事時

金貴榮以領事入侍亦曾叅鞫大臣也　上顧問曰

卿聞國老欲爲翻獄之事乎貴榮對曰國老在臣座

之左臣左耳偏聾不得聽聞聞者部其阿護不以直

對在文書中差信初出於劉綯之招任國老論彦

信在右惟讓洁皆以汝立敎密之交往氷書札多

者必全羅儒進賊梁洞逆又就上疏竄中山極力救彦

信告者亦可慘聞之李山海以啓曰彦信當松江庭鞫之日欲辞

斬之告者亦可慘聞之李聖民上發問于此諸朝廷金貴榮一人

洪以爲民耳皆以爲聞聞之李聖民以啓曰彦信發言仍再鞫殞溘亦親見賊招杖死

之言固海爲亦悖言仍再鞫殞溘亦親見賊招杖死信抗泅

命朴忠侃李軸韓應寅及余爲都監堂上功臣應錄

人磨錬判校趙瑗爲都廳金公輝權成已申浩爲監

造官開局于大平舘

四月一日張幕于三淸洞都監堂上齊會將差書吏

使令錄事醫員畫員李韓兩令公未及到以 命輝

招之余承 命進于昌德宮則閤門外承旨史官已

齊伏矣余進然而不知緣何事 命招欲問於承旨

史官而難於發言奉 敎具窺覰謂左承旨黃佑漢

曰閔某不知今日引對之出可說與昨日 筵中語

也黃曰可具窺曰昨日李憲國 啓曰臣見閔某言

汝立論人皆可以爲天子其志可見矣故今日 命

第二討逆日記　三十一

召矣俄而 上出御宣政殿承旨以下以次進臣繼

進 上問逆賊措捕時事對如十月十四日所錄又

問汝前日見汝立接話手臣對以戌子秋歷見于銅

谷家又於昨年三月汝立以兵曺佐郎帶本曺邱史

率其姪鄭紀及池景涵將徃竹島書堂到鎭安縣臣

出見之饋夕飯汝立懇請饋池景涵且請給遊山粮

臣不應說罷景涵凶悖狀汝立搖手止之顧謂鄭紀

曰善別可也食罷當燭又囑曰饋景涵飯盖情意已

厚不自知其言之出於口也臣又不答以就寢安歇

爲辭而罷明日出接又饋朝飯汝立曰吾酒戶不狹

而常患痰証不飲今見主人不可不飲出坐飯床前

令酌酒舉盃曰主人以京洛甲族首登龍榜出庵而

來作山僻小縣殊爲可惜多有激發牢籠之語且問

漢江龍舟漂失的乎臣答不知因語次及林悌平日

浪言自古以國爲名者皆稱天子而我國獨不爲他

曰一番必稱天子雖其戲言亦可怪也汝立曰主人

之言誤矣林悌之言誠確論也王侯將相寧有種乎

人生天地間孰不能爲天子　上顧謂承旨曰聞此

言則知其爲天下之賊也臣又　啓當捕汝立時男

壯則持弓矢刀鎗女弱則持杖不待呼而響應可見

卷二 討逆日記　三十一

民心之共助　天討也此前日　筵中有人心不淑

助逆者多之　教故臣對及之遂退還三清則巳散

矣

二日　上下密旨于政院令傳示三公及三司其中

有汝立非特我國之賊實乃天下之賊之　教

五月十五日都監完議功臣磨勘

六月一日大臣同議入　啓　傳于政院曰擇空日

招大臣功臣等第以　啓余時直昌德宮東所都監

錄事李廷華來言商山君〔朴忠侃君號〕　使小的請坐大臣

功臣等第矣余曰　傳旨奉行乃政院之事非都監

所當爲而事繁功臣故言於都監且或都監當爲都
廳或曹司堂上徃稟監造官亦不得進況爾錄事乎
廷華曰令監之敎是矣而商山令監每以已見行之
小的深以爲悶余叟思之曰商山素不足於我今若
以我言回報必加怒矣依商山令爲之可也廷華更
坐曰大臣必以小的爲迷劣奈何余笑曰大臣何迷
劣汝之有速去廷華不徃請于大臣還以余言復于
商山商山甚不平曰何年少堂上強曉事如此其曰
夕政院　啓七日空也　命招大臣功臣等第而商
山大慙焉

七日大臣會于賓廳以朴忠侃李軸韓應寅爲一等
以余及韓準李綏趙球南巚爲二等以金貴榮柳堧
俞泓鄭澈李山海洪聖民李準李憲國崔恒金命元
李增李恆福姜紳洪進李廷立爲三等以 啓 上
曰韓準之功豈下於閔某可上之韓應寅以上爲一
等李準以上爲二等李廷立以上爲三等忠侃之意
自欲獨爲一等李軸韓應寅爲二等韓準以下爲三
等大臣不聽兩司以洪進親切於逆魁 啓削
十二日下 批諫院請削叅鞫諸臣功累月論鞫蒙
允

諫院 啓創余懲蓋朴忠儻志滿氣得頤指李軸韓

應寅視之如奴隸李韓亦俯首聽命不敢忤視朴也

蓋欲於我亦如李韓余毎事爭是非朴甚銜之一日

常磨勘原從朴欲自錄捕逆諸人功高下余曰海西

之非三郡守爲之余實不知不敢措一辭於其間企

羅之事亦猶吾之不知海西事也何可撓越朴大怒

曰今此功臣之事無論大小我豈有不管之事乎遂

推案起去囑於諫官故有此論也正言尹洞不告長

官 啓辭中私添一節曰與其追改於十年之後胡

若正之於今日乎此 啓一出物論譁然諫院 啓

遠尹洞且 啓辭中有捕捉窮慼之賊何功可錄之

語 上答曰所謂窮慼者閔某窮慼之也論執屢曰

命二品以上庭議皆以爲不可削崔滉曰不但措捕

汝立之人可錄勳若得汝立之屍者亦可錄勳指示

汝立之屍所在處者亦可錄勳 上回諭于諫院停

啓

七月七日 頒賞于諸勳臣

從鞫諸臣削勳之後物議紛紛將不好於汝立同輩

李山海懇析于朴忠侃使功臣都監 啓請選錄忠

侃曾余於其家使余攬草其主意則逆臣出於搢紳

之間皆欲營護至發翻獄之論讞囚諸臣夙夜匪懈

盤詰詳究盡得其情云云入 啓蒙 允還錄

八月二十五日 上率新舊功臣會盟于禪武門外

盟壇

二十六日行功臣會盟宴于仁政殿 賜 教書厥

馬銀幣

教推忠奮義恊策平難功臣通政大夫掌隷院判

決事閔仁伯書 知制 教宋象賢製

王若曰義莫嚴於討逆居多循國之功政莫先於褒

忠式舉懋賞之興茲考循於故實非顯示其私恩

唯爾生有軼才少負偉畧摘髭金榜美稱鳳擅於

龍頭游刃銅章異能曾展乎驥足威可以東吏公

可以服人經達慮微蔚爲方圓幹局之用造機成

務實堪中外器使之方粵丁分憂之辰正爾效忠

之日何期悖逆之變近出法從之班賊臣鄭汝立

起釁下列擢眞邇聯卵育之恩不爲不溪待遇之

眷不爲不厚豈意獒狗吠主短孤含沙竊欺世之

虗名蘊滔天之巨惡豈俚發塚於詩禮乂欲貽禍

於家邦作爲窟穴於南州招納匹叛於西海稔成

異志潛結凶徒託妖讖而惑衆聽廣植黨援造訛

50

言而謀不軌陰約日期幸賴祖宗陟降之靈天地
神明之助禍機臨發而陰誅巳及姦謀欲閨而天
討先加固知漢法之難逃負此極惡而焉徃旋見
束手而送死敢抗四匹之官兵反欲滅口而藏蹤
忍剝一劍於血屬苟非緝捕之得䇿曷致大憝之
伏辜方其在逃之初羣情驛騷而歷定逮夫斯得
以後國勢抗捏而復安是誰使然嘉乃之績懂巳
騰於九廟慶豈止於耿身微爾人盡非禍將叵測
肆予賞不僭事係酬勞如或循次而官之何有與
衆而異者勒金石不足昭慶譽聲天地不足較膚

卅二

功錫命漢家非獨表崇德之義疏封周室實亦展

勸來之規肆策爾爲平難功臣二等圖形垂後超

二階爵父母妻子超二階嫡長世襲不失其祿宥

及永世無子則甥姪女壻超二階仍賜伴倘六人

奴婢九名邱史四名田八十結銀三十兩表裏一

段內廐馬一匹至可領也於戲弘濟艱難選逢亨

泰之運與同休戚庶堅夷險之心故茲教示想宜

知悉

九月八日 賜分劵宴于大平舘

十一月十日 傳曰明日乃予封功臣後初度也欲

賜一杯令功臣齊會于闕庭翌早光國平難兩功臣

齊會于仁政殿庭 上命承 傳色金良輔金起文

出接期以盡醉 中殿又 賜退膳旣醉之後府院

君六員則各 賜進上馬其餘各 賜大鹿皮一張

十二日三公令李廷立制裃謝箋箋語不切三公更製

以進又 賜酒

辛卯閏三月八日 賜分畫像宴于忠勳府

先是癸未棠谷先生爲兵判倚毗日隆時輩恐洗滌

東西大諫宋應漑玉堂許討劾以專擅因目爲小人

牛溪先生被 徵在京上疏洞辨之 上命竄應漑

討逆日記　三十六　一

等栗谷被彈歸海州時汝立在全州慨然曰此乃已
卯羣奸網打士林手段欲上章仲救聞漑等竄曰
此乃盛德事也指庭前柿實曰已熟者孔子牛熟者
栗谷是年九月十一月俱有書栗谷極言推獎甲申
正月栗谷卒卽叛之謂已絕交上下皆嗤罵之李潑
兄弟獨以汝立爲是往來推重焉
乙酉義州牧使徐益上疏論鄭汝立反覆狀先是汝
立棄官歸鄉以讀書爲名聞牛栗兩先生爲一時儒
宗亦嘗往來問學栗谷易簀後汝立入京見時議方
攻兩先生乃於　筵中極詆栗谷時輩悅其附已稱

爲當代第一流蓋跪發其私書所嘗推許栗谷者以

揚其隱於是三司俱發謂蓋黨於鄭澈而實欲營救

沈義謙仍劾義謙及所與結交之禍士林

上問結交之人兩司擧牛栗兩先生及朴淳朴應男

朴漸尹斗壽辛應時李海壽金繼輝洪聖民具鳳齡

以對 上命削義謙爵榜其罪名於朝堂列書兩先

生及松江之名以爲黨人

崔永慶曹南冥門人也初年大爲牛溪先生所賞後

遂與潑洁汝立仁弘等相爲表裏乃反詆毁栗谷及

巳丑汝立之謀逆也賊招中吉三峯爲崔永慶之說

三十七一

55

傳播遠近兩南監兵不待　敎命而捉因　上　聞牛

溪先生抵書松江（按松江時爲委官時）曰永慶孝友淸修豈有

與聞逆謀之理乎須力爲救解松江乃於　榻前屢

仲其情而　上大惡之竟死獄中其後辛卯松江安

置江界也大諫洪汝諄　啓吉三峯爲崔永慶之說

必鄭澈指嗾梁千頃而做出也請拿千頃屢次嚴刑

誣服而死大諫金宇顒　啓鄭澈指殺永慶陽爲救

解請奪其爵　上允之　贈永慶大司憲（按洪汝諄時爲全監司時松江爲委官松江書及求慶時松江工曹力執因永慶援掇交書拿致禁府時及求慶上下汝立與永慶書及求慶）

筺中匿名詩　松江爲委官始伸救以　上意稍慰辭之之命極力及再拿也那名　成詩　歸　松江　綬金時爲工曹委官力執因永慶援執上意稍慰辭之之命極力及

言之柳不能救永慶竟瘐獄中時ふ山海之黨欲排

松江以爲松江搆殺永慶請拿囚梁千頃洪迮諄時

在金吾自恐罪及於巳嚴加酷刑誣服致死盖干諸賊招干辭頗

智與永慶戚侄鄭大成同寓京中大成聞諸賊招干輒喝頓

發云吉云大驚曰此形貌宛然吾崔司畜戚叔也干頂

內吉云三大面痩而長鬚長過腹語

屬此言唱言于衆是吉三峯也以此干頂

其後壬寅 召鄭仁弘爲大司憲仁弘赴 召上疏

大斥牛溪至曰陰喉奸澂賊殺高賢〔慶〕〔崔〕永戕害 國

脉污辱士林可比於平秀吉云又曰內有衣冠之

寇然後外有干戈之寇則壬辰海賊之變實是內寇

所召也云云又曰今其徒黨未盡臣雖欲扶植士類

恢張公道決不可得云云先是臺諫洪履祥鄭光績

月汀集 卷一 討逆日記 三十八 一

疏斥松江牛溪兩先生權而禧鄭轂崔忠元文景虎

仁弘門客等構誣益甚請追削其職至是 傳曰成渾托

跡山林欺世盜名鄭澈千古奸凶合為一身渾則澈

之謀主也云特 命追削左相李恆福疏救不得下此

缺

附 光國原從功臣錄券

頒教文

三等行副護軍閔仁伯

王若曰昭倫揭日星舊邦維新於再造報功無大小

賞典曰安得以後時兹申彛憲匪出私恩念惟十三

〈토역일기討逆日記〉

閔仁伯,《苔泉集》卷二, 국립중앙도서관 소장

여기서부터 영인본을 인쇄한 부분입니다. 이 부분부터 보시기 바랍니다.

역주자 신해진(申海鎭)

  경북 의성 출생
  고려대학교 국어국문학과 및 동대학원 석·박사과정 졸업(문학박사)
  전남대학교 제23회 용봉학술상(2019)
  현재 전남대학교 인문대학 국어국문학과 교수
  BK21플러스 지역어 기반 문화가치 창출 인재양성 사업단장

  저역서 『후금 요양성 정탐서』(보고사, 2020)
      『북행일기』(보고사, 2020)
      『심행일기』(보고사, 2020)
      『요해단충록 (1)~(8)』(보고사, 2019, 2020)
      『무요부초건주이추왕고소략』(역락, 2018)
      『건주기정도기』(보고사, 2017)
      『심양왕환일기』(보고사, 2014)
      『심양사행일기』(보고사, 2013)
      이외 다수의 저역서와 논문

토역일기 討逆日記

2020년 8월 7일 초판 1쇄 펴냄

지은이 민인백
역주자 신해진
펴낸이 김흥국
펴낸곳 도서출판 보고사

책임편집 이경민
표지디자인 손정자

등록 1990년 12월 13일 제6-0429호
주소 경기도 파주시 회동길 337-15 보고사 2층
전화 031-955-9797(대표)
    02-922-5120~1(편집), 02-922-2246(영업)
팩스 02-922-6990
메일 kanapub3@naver.com/bogosabooks@naver.com
http://www.bogosabooks.co.kr

ISBN 979-11-6587-072-0   93910
ⓒ 신해진, 2020

정가 15,000원